Dagmar Schäfer

Reisen durch die Küchen von

Sachsen

Ein kulinarischer Streifzug durch
Städte und Landschaften Sachsens

Mit Fotos von Ansgar Pudenz

Reisen durch die Küchen von

Sachsen

Symbol sächsischer Tafelkultur –
edles Meissener Porzellan

Vorwort

Leipziger Allerlei und Dresdner Weihnachtsstollen kennt und schätzt man weit über Sachsens Grenzen hinaus. Ansonsten aber schweigen sich die kulinarischen Lexika eher aus, nur wenigen sächsischen Spezialitäten ist der Sprung auf das internationale Küchenparkett gelungen. Der sächsischen Küche eilt der Ruf einer gewissen Bescheidenheit voraus.

Die Sachsen selbst jedoch sind als Schlemmer und Genießer bekannt, werden sogar die deutschen Leckermäuler genannt. Wie aber können sie schlemmen und genießen, wenn ihre Küche bescheiden ist?

Man muss wohl ein wenig mit sächsischer Mentalität vertraut sein, um diesen nur scheinbaren Widerspruch zu verstehen. Nicht die sächsische Küche ist bescheiden - ihre Schöpfer sind es. Viel Aufhebens um eine Sache zu machen ist nicht Art der Sachsen. Als fleißig, erfinderisch und „fichelant" bekannt, gehen sie auch in der Küche in dieser Weise ans Werk. Sie kochen, backen - und genießen.

So bietet die sächsische Küche viel mehr, als der erste Blick offenbart. Sie darf durchaus als Fundgrube für bisher weniger bekannte Gaumenfreuden gelten.

Erstaunlich ist allein schon die Vielfalt dieser Küche - so vielgestaltig wie die Gegebenheiten des Landes und die Eigenheiten seiner Bewohner. Die Leipziger geben sich auch in ihrer Art zu speisen weltoffen. Die kunstsinnigen Dresdner mögen es raffiniert. Die Vogtländer und Erzgebirgler sind Meister im Zubereiten der „Erdäpfel", und die Oberlausitzer pflegen in ihrer Küche die besten Erfahrungen sorbischer, böhmischer und schlesischer Köche.

So überlegt und bedachtsam, so wirtschaftlich und erfinderisch, wie die Sachsen ihr Leben und ihr Land eingerichtet haben, so kochen und backen sie auch. Am Herd machten sie aus der Not eine Tugend, bei Tisch leben sie ihren Hang zur Gemütlichkeit aus - sächsische Kaffeetafeln sind unübertroffen. Die Geselligkeit offenbart sich in mehrgängigen Festmenüs, und dann schweigt sogar die sächsische Sparsamkeit. Denn der Sachse hält ansonsten auch beim Essen Maß, schlägt nicht so leicht über die Stränge, wirtschaftet klug und verschwendet nichts. Die Küche trägt ebenso seiner Regsamkeit Rechnung. Viele überlieferte Rezepte dürfen im modernen Sinne als Schnellgerichte gelten. Die Zubereitung der Speisen durfte schon früher nicht allzu lange aufhalten.

Wie zeitlos und lebendig die in diesem Band versammelten typischen, traditionsreichen Rezepte sind, zeigen die attraktiven Fotos der ganz modern umgesetzten Regionalgerichte. Sie regen an zu heutigem Gebrauch.

In dieser Weise ist die folgende Reise in die Küchen Sachsens zugleich eine Erkundung sächsischer Lebensart - ganz im Sinne des alten Sprichwortes: Sage mir, was du isst, und ich sage dir, wer du bist.

Sachsen auf einen Blick

LEIPZIG

Die Küche der Leipziger ist so vielfältig wie der Charakter der ebenso traditionsreichen wie aufgeschlossenen modernen Bürger-, Messe- und Universitätsstadt.

ERZGEBIRGE

Not machte erfinderisch. Gerade aus den Küchen der erzgebirgischen Bergleute, Holzfäller und Spielzeugmacher stammen besonders einfallsreiche Rezepte. Fisch, Wild, Pilze und Beeren spielen dabei eine große Rolle.

VOGTLAND

Die Göltzschtalbrücke bei Reichenbach, 1845 – 51 für die Bahnlinie Leipzig – Hof erbaut, ist als eine der bedeutendsten Steinbrücken in Deutschland ein Wahrzeichen des Vogtlandes. Und die gute Küche beeindruckt mit einfallsreichen Kartoffelgerichten und leckeren Braten.

DRESDEN

Die Dresdner Küche kann die höfischen Einflüsse nicht verleugnen und
gibt sich raffiniert. Wild, Fisch, Obst und Gemüse aus dem fruchtbaren Elbtal
wie auch die Vorliebe für Süßes sind Markenzeichen.

OBERLAUSITZ

Die Lausitzer Küche ist so vielfältig wie die Landschaft und
zugleich bäuerlich-kräftig, üppig und traditionsbewusst.

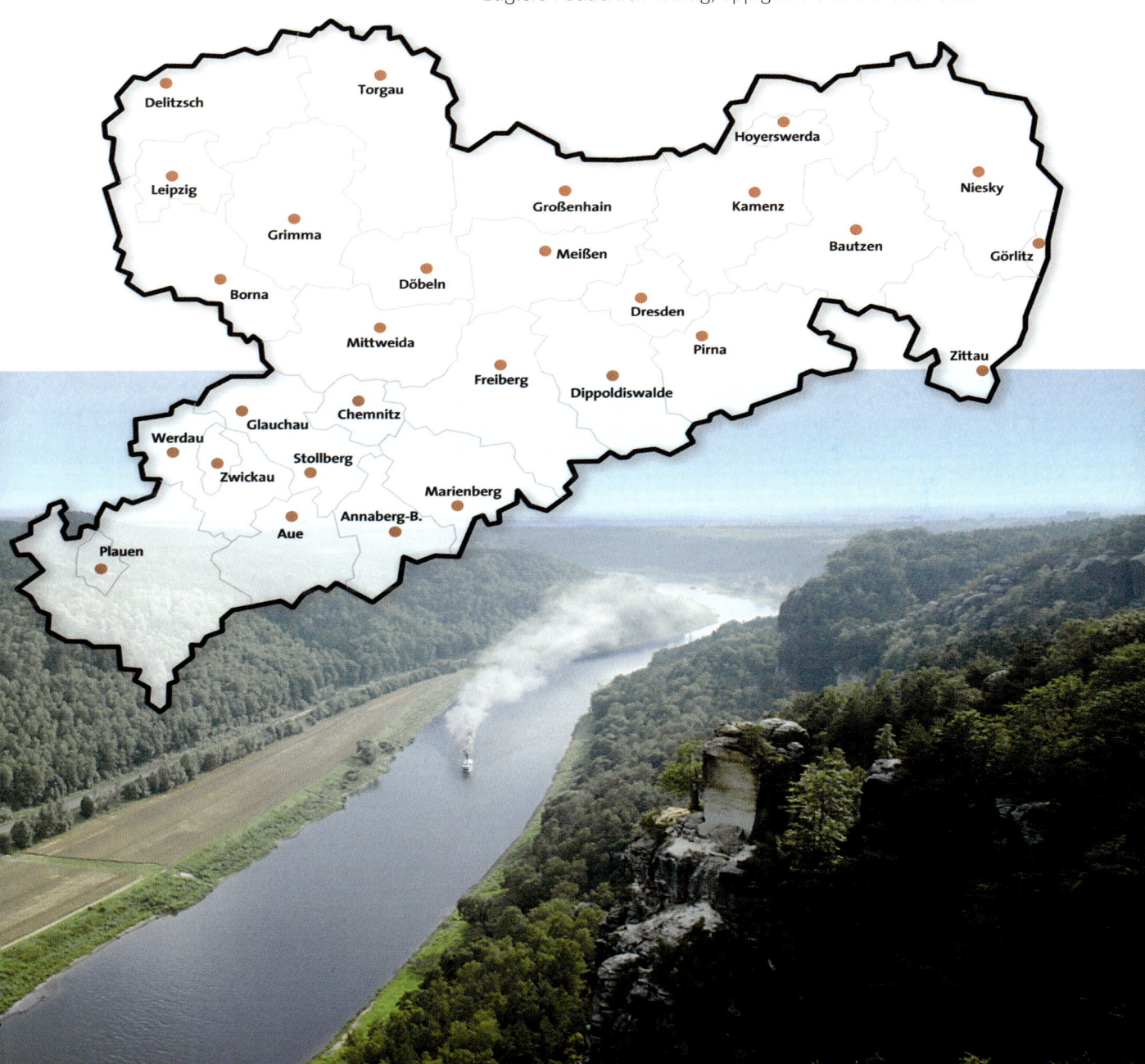

Leipzig

Die Küche der Leipziger ist so vielfältig wie der Charakter der Bürger-, Messe- und Universitätsstadt.

Leipziger Spezialitäten-Allerlei

Was köchelt in Leipzigs Töpfen, was brutzelt in Leipzigs Pfannen, was wird in Leipzigs Backöfen gebacken? Wer diese Geheimnisse lüften möchte, ist gut beraten, auf die Benennungen zu achten, die Leipzig über die Zeiten hinweg erhalten hat: Bürger-, Messe- und Universitätsstadt. Und Gartenstadt. Und Seestadt! Letzterer Name ist natürlich ein Scherz - aber mit durchaus wahrem Kern. Leipzig liegt in einer Tieflandsbucht, hier fließen Pleiße und Elster und noch allerlei andere Flüsse und Flüsschen, gibt es viele Seen und Teiche.

Das Klima ist mild und feucht, der Boden fruchtbar - so recht geschaffen, um Getreide, Obst und Gemüse ertragreich anzubauen. Man ahnt, was den Speisezettel der Leipziger bestimmt: Obst, Gemüse und Fisch. Und so ist es wohl folgerichtig, dass das berühmte „Leipziger Allerlei", diese feine Gemüsespeise mit Morcheln und Krebsschwänzen, dort entstand, wo Gemüse gedieh, die Flüsse voller Krebse waren und die Auenwälder voller Morcheln.

Doch auch die vielen Kauf- und Handelsleute, Messebesucher und Studenten, die nach Leipzig kamen, haben die Küche mit geprägt. Sie brachten nicht nur ihre Ess- und Trinkgewohnheiten, sondern auch Zutaten und Gewürze mit in die sächsische Handelsmetropole. Leipziger Rezepte zeigen Einflüsse der französischen, englischen und italienischen Küche, aber auch der erzgebirgischen, vogtländischen, bayrischen und böhmischen. Was den Leipzigern schmeckte, griffen sie auf und behielten es bei.

Die „Eingemeindung" vollzogen sie auch sprachlich: Aus der Béchamelsoße z. B., benannt nach dem Marquis de Béchamel, machten sie kurzerhand eine „Béchamnelle". Oder eine „pignante Sauce". Die Leipziger waren eben schon immer ein weltoffenes Völkchen - auch in ihrer Art zu speisen.

ALLERLEI FRISCHES GEMÜSE...

Der fruchtbare Lößboden der Leipziger Tieflandsbucht begünstigte seit jeher den Gartenbau. Die Messestädter bezogen Gemüse und Küchenkräuter vor allem aus den vor der Stadt liegenden Dörfern, den „Kohlgärten". Der Gemüsereichtum der Leipziger Region spiegelt sich natürlich auch in den Rezepten wider – nicht nur im „Leipziger Allerlei".

Kohlgärtnermädchen um 1820

Leipziger Suppentopf *(Foto)*

750 g Suppenfleisch (Rinderbrust), ca. 1 kg verschiedene Gemüsesorten (Möhren, Kohlrabi, grüne Bohnen, Erbsen, Sellerie, Wirsing u. a.), 3 Tomaten, Salz, Pfeffer, Muskat, 2 Lorbeerblätter, 2 Nelken, Petersilie, Grießklößchen.

Das Suppenfleisch waschen, in siedendes Wasser geben, aufkochen lassen und abschäumen. Mit Salz würzen, Nelken und Lorbeerblätter zugeben und eine reichliche Stunde kochen lassen. Das geputzte Gemüse (außer Tomaten) in Würfel schneiden, an das Fleisch geben und bei milder Hitze gar kochen. Fleisch herausnehmen, in Würfel schneiden und mit den gewürfelten Tomaten, sowie reichlich gehackter Petersilie in den Suppentopf geben. Mit Muskat und Pfeffer abschmecken und mit Grießklößchen als Einlage servieren.

ZWIEBELN AUS ZWIBBELBORNE

Der Gemüseanbau um Borna bei Leipzig ist uralt. Vor allem die Zwiebeln wurden berühmt und brachten der Stadt die scherzhafte Bezeichnung „Zwibbelborne" ein. Feldgärtner aus dem fruchtbaren Altenburger Land ließen sich vor Jahrhunderten in der Bornaer Altstadt nieder und begannen Gemüse zu ziehen – neben Zwiebeln auch Gurken, Möhren, Meerrettich, Rettiche, rote Rüben, Bohnen und Kürbisse.

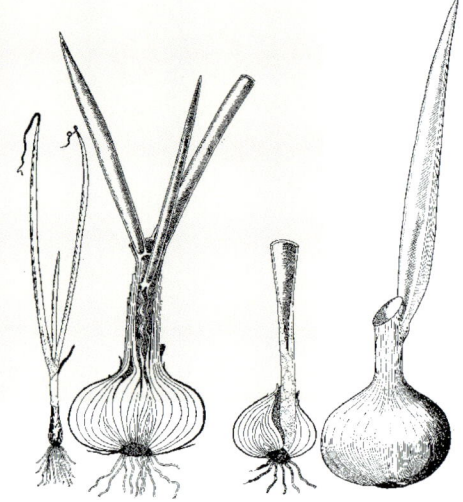

Leipziger Grießklößchen mit Gemüse

Grießklößchen:

1 Liter Milch, 200 g Grieß, 3 bis 4 Eier, Salz, Muskat, etwas Butter. (Werden die Grießklößchen als Einlage in die Suppe verwendet, genügt etwa die Hälfte der angegebenen Zutatenmengen.)

Außerdem:

Frisches oder gegartes Gemüse nach Jahreszeit.

Milch mit Salz und einer Spur Muskat aufkochen und den Grieß unter Rühren einlaufen lassen. Weiter kochen, bis der Grieß ausgequollen ist, dann vom Herd nehmen und etwas abkühlen lassen. Die Eier verquirlen und unter den Grieß mischen. In einem größeren Topf Salzwasser zum Kochen bringen. Mit einem Esslöffel von der Grießmasse Klößchen abstechen und im Salzwasser gar ziehen lassen. Dann in einer Pfanne mit etwas Butter schwenken und zu Gemüsesalat (z. B. Frühlingssalat) oder gegartem Gemüse (z. B. Spinat auf sächsische Art) servieren.

Die Leipziger Grießklößchen schmecken auch zu Kompott.

Bornaer Zwiebelsuppe

500 g Kartoffeln, 1 ½ Liter Fleischbrühe, 1 Teel. Kümmel, 1 Teel. Salz, 30 g Speck, 400 g Zwiebeln, 50 g Margarine, 10 g Mehl, ¼ Liter saure Sahne, 2 Äpfel, 2 Essl. Meerrettich.

Die geschälten Kartoffeln würfeln und in der Brühe mit Kümmel und Salz 15 Minuten kochen. Speckwürfel und Zwiebelscheiben in der Margarine 10 Minuten dünsten. Mit Mehl bestreuen, zur Suppe geben und gut verrühren. Einige Minuten ziehen lassen. Geriebene Äpfel mit Meerrettich und Salz in die Sahne rühren und die Suppe damit abschmecken.

Frühlingssalat

Aus Mayonnaise, Joghurt, Senf, etwas Essig, fein geschnittenem Schnittlauch, Salz, Pfeffer und etwas Zucker eine würzige Salatmarinade bereiten. Radieschenscheiben, Salatstreifen und Gurkenwürfel dazugeben, zum Schluss die in Scheiben geschnittenen hart gekochten Eier. Die Zutaten gut vermischen und den Salat auf einer Platte anrichten.

**8 Eier, 3 Bund Radieschen,
1 Kopf Salat, 1 grüne Gurke,
2 Essl. Mayonnaise,
⅛ Liter Joghurt, 1 Essl. Senf,
Salz, Pfeffer, Essig, Zucker,
Schnittlauch.**

Spinat auf sächsische Art

Den vorbereiteten Spinat mit der Zwiebel in Salzwasser kurz aufkochen, dann abtropfen lassen. Sardellen von Haut und Gräten befreien und mit dem Spinat fein hacken. Aus Mehl und Butter eine Schwitze bereiten, die Fleischbrühe dazurühren. Den Spinat darin gut durchkochen. In einer Schüssel anrichten und mit den hart gekochten, in Achtel geschnittenen Eiern garnieren.

**1 kg Spinat, Salz,
1 Zwiebel, 3 Sardellen,
30 g Mehl, 40 g Butter,
1 Tasse Fleischbrühe,
4 Eier.**

Leipziger Apfel-Zwiebel-Gemüse

Zwiebeln und Äpfel schälen und in Scheiben schneiden. Bei den Äpfeln dabei das Kernhaus entfernen. Zwiebelscheiben in einen Topf schichten, darauf die Apfelscheiben. Heiße Brühe angießen. Mit Salz und Pfeffer abschmecken, Butterflöckchen obenauf setzen. Bei kleiner Hitze 15 Minuten köcheln lassen, dann gut vermischen und zu Kartoffelbrei reichen.

**Je 500 g Zwiebeln und Äpfel,
1 Tasse Fleischbrühe,
Salz, Pfeffer,
etwas Butter.**

NUR ECHT MIT MORCHELN UND KREBSSCHWÄNZEN

Das „Leipziger Allerlei" ist unbestritten das bekannteste Gericht der Leipziger Küche, vielleicht sogar der sächsischen Küche überhaupt. Doch wer weiß schon wirklich, wie es zubereitet wird? Befragt man heute Leipziger nach diesem Gericht, verstehen sie darunter oft einen herzhaften Eintopf mit verschiedenem Gemüse - ein Allerlei eben.

Das ursprüngliche „Leipziger Allerlei" war jedoch eine feine Frühsommer-Gemüsespeise mit frischen, in Butter gedünsteten Gemüsesorten und Morcheln, garniert mit Krebsschwänzen. Teuer war dieses Gericht im barocken Leipzig keineswegs, denn die Flüsse waren damals noch voller Krebse und die Morcheln wuchsen in den Wäldern. Die Eintopf-Variante ist demnach wohl eine volkstümliche Entwicklung späterer Zeit. Im Foto nebenstehend eine moderne, originelle Serviervariante – in einem ausgehöhlten Kohlrabi.

Leipziger Allerlei (Foto)

30 g getrocknete Morcheln, 250 g Spargelköpfe, 250 g junge Möhren, ½ kleiner Blumenkohl, ½ Liter Fleischbrühe, 50 g Butter, Salz, 1 Prise Zucker, 200 g feine Erbsen (tiefgekühlt), 1 Essl. Mehl, 125 g Sahne, 30 g Krebsbutter, weißer Pfeffer, Muskat, 300 g gekochte Krebsschwänze.

Die Morcheln in 200 ml Wasser etwa eine Stunde aufweichen, dann den Sud abgießen und aufbewahren. Das Gemüse putzen und waschen. Spargel und Möhren in 5 cm lange Stücke schneiden, Blumenkohl in Röschen zerteilen. Brühe mit 1 Essl. Butter, Salz und 1 Prise Zucker aufkochen.

Möhren hineingeben und 5 Minuten garen. Blumenkohl und Spargel zufügen und 8 Minuten köcheln lassen. Erbsen und Morcheln zugeben und noch 10 Minuten dünsten.

Dann das Gemüse abgießen, die Brühe auffangen. Mehl in restlicher Butter anschwitzen, Brühe angießen und Morchelsud dazugeben. Sahne und Krebsbutter einrühren und die Sauce etwas einkochen. Gemüse und Krebsschwänze zugeben und in der Sauce erwärmen. Mit Salz, Pfeffer und Muskat abschmecken und sofort servieren.

Dicker Bohneneintopf

250 g weiße dicke Bohnen,
3 Zwiebeln, 1 Knoblauchzehe,
500 g Möhren, 500 g Kartoffeln,
500 g Äpfel, 2 Essl. Schmalz,
60 g Speck, 500 ml Fleischbrühe,
500 ml Weißwein,
schwarzer Pfeffer, Zucker,
2 Essl. Kräuteressig,
1 Bund Petersilie zum Garnieren.

Die Bohnen waschen und mit einer geschälten und geviertelten Zwiebel in 2 Liter Wasser etwa eine Stunde kochen. Dann abgießen und beiseite stellen. Zwiebeln, Knoblauch, Karotten, Kartoffeln und Äpfel schälen und würfeln. Schmalz in einem Topf zerlassen, Zwiebeln und Knoblauch zugeben, andünsten. Speck zugeben, alles zugedeckt 10 Minuten schmoren lassen. Dann zu den Bohnen geben, ebenso das Gemüse. Fleischbrühe und Wein aufgießen. Speck obenauf legen und nochmals 15 Minuten garen. Eintopf in eine Schüssel geben und mit Petersilie bestreut servieren.

Sauerkraut mit Birnen

500 g Sauerkraut,
500 g Birnen,
250 g Schweinebauch,
1 Essl. Mehl, 1 Zwiebel,
1 Essl. Tomatenmark,
Salz, Pfeffer, Worcestersoße.

Den Schweinebauch würfeln, mit Salz und Pfeffer würzen und im eigenen Fett anbraten. Zwiebelwürfel mit anschwitzen, alles mit Mehl bestäuben. Das kurz geschnittene Sauerkraut, mit den geschälten und geviertelten Birnen gemischt, zugeben. Zugedeckt auf kleiner Flamme gar dünsten. Zum Schluss mit Worcestersoße abschmecken. Dazu Kartoffel- oder Erbsbrei reichen.

GEFÜLLTER KOHLRABI

„Schäle nicht zu große Kohlrabi, den Deckel oben schneide so, daß die Sprößlinge daran bleiben, höhle nun den Kohlrabi gut aus mit einer Kugelform. Die ersten kleinen Kugeln, die man ausschneidet, hebt man auf und verziert damit, die andern koche ein und wiege dieselben zur Farce mit, zu welcher man entweder Kalbsbraten oder noch besser rohes gehacktes Kalbfleisch nimmt, gieb Eier, Salz, Pfeffer und etwas in Butter braun gedünstete Zwiebel dazu. Fülle die Kohlrabi mit dieser Farce, decke den Deckel darauf, setze sie in ein Casserol und dämpfe sie mit Butter und Krebsbutter weich. Gieb sie mit Krebssauce zu Tisch.“

Aus dem „Leipziger Kochbuch" von Therese Niese, 1887

Bennewitzer Apfelsalat

Die geschälten und vom Kerngehäuse befreiten Äpfel würfeln. Mit Zitronensaft beträufeln. Die leicht gesalzene Leber kurz in der Margarine braten, dann klein schneiden und mit den Äpfeln vermengen. Zwiebel, Meerrettich, Mayonnaise und saure Sahne verrühren, würzen, darüber geben.

4 große Äpfel, Zitronensaft, Margarine, 250 g Geflügelleber, Salz, 1 Teel. fein gehackte Zwiebel, 1 Teel. geriebener Meerrettich, 2 Essl. Mayonnaise, 2 Essl. saure Sahne, Pfeffer, Zucker.

Weißkraut mit Dill

Weißkraut putzen und in Streifen schneiden. Salzen, gut durchziehen lassen. Zwiebeln in der Butter glasig dünsten, Weißkrautstreifen dazugeben und weitere 15 Minuten dünsten. Dann die saure Sahne mit Essig, Mehl und etwas Zucker verquirlen und darunter ziehen. Aufkochen lassen, mit reichlich gehacktem Dill mischen. Als Beilage zu Fleisch oder Geflügel.

1 Weißkrautkopf, Salz, 1 Essl. Butter, 1 bis 2 Zwiebeln, ½ Liter saure Sahne, 1 Essl. Essig, 1 Essl. Mehl, Zucker, Dill.

Bornaer Apfel-Meerrettich

Äpfel schälen und reiben, Zwiebeln schälen und fein hacken. Beides in einer Schüssel vermengen. Meerrettich, Öl, Essig, Salz und Kümmel zugeben und alles vermischen. Apfel-Meerrettich zu Gänsebraten oder Karpfen servieren.

2 Äpfel, 2 Zwiebeln, 2 Essl. Öl, 6 Essl. Meerrettich, 2 Essl. Weinessig, Salz, 1 Essl. gemahlener Kümmel.

Sächsische Krautwickel

Weißkraut in Salzwasser garen. Zwiebelwürfel und die zerdrückte Knoblauchzehe im heißen Schmalz dünsten. Nach dem Erkalten mit Reis, Gewürzen, Ei und Hackfleisch vermischen. Masse auf den Krautblättern verteilen und vom Stielansatz aus wickeln, dabei die Seiten nach innen schlagen. Schmortopf mit Schmalz ausstreichen, Rouladen hineinlegen und in der Bratröhre garen. Ab und zu etwas Flüssigkeit eingießen. Kurz vor Ende des Garens Speckscheiben über die Rouladen legen. Soße mit Mehl binden und mit etwas saurer Sahne verfeinern.

1 Weißkrautkopf, 1 große Zwiebel, 1 Knoblauchzehe, 1 Essl. Schmalz, 2 Essl. gekochter Reis, Pfeffer, Salz, Majoran, Kümmel, Paprika edelsüß, 1 Ei, 100 g Speck, 500 g Hackfleisch (halb und halb), Mehl, saure Sahne.

FISCHERS FRITZE FISCHT FRISCHE FISCHE

Leipzig ist eine Stadt am Wasser: Flüsse von über 200 Kilometer Länge schlängeln sich durch das Stadtgebiet und es gibt über 100 Teiche. Als die Gewässer noch fischreich waren, schwamm den Leipzigern ihre Mahlzeit sozusagen an der Haustür vorbei, sie brauchten nur noch die Netze auszuwerfen. Die Leipziger Fischer taten dies und bildeten eine der stärksten Innungen. Kein Wunder deshalb, dass sich in den älteren Leipziger Kochbüchern mehr Fisch- als Fleischgerichte finden.

Leipziger Fischverkäuferin um 1790

Zanderfilet in Kräuterhülle (Foto)

600 g Flusszanderfilet, Zitronensaft, Salz, etwas Mehl.
Für die Kräuterhülle:
2 Eier, frische Kräuter (Petersilie, Schnittlauch, Estragon, Kerbel, Borretsch), 20 g Butter.
Für die Soße:
200 ml Crème fraîche, 50 ml Fischbrühe, Pfeffer, Salz, Worcestersoße, 10 g Schnittlauch, 20 g Brunnenkresse, Saft von einer halben Zitrone.

Die Zanderfilets säubern, säuern, salzen und mit Mehl bestäuben. Die Eier mit den fein gehackten Kräutern verquirlen, die Filets hindurch ziehen und in Butter braten.
Für die Soße Schnittlauch und Brunnenkresse mit dem Zitronensaft mixen und durch ein Sieb streichen. Crème fraîche mit der Fischbrühe erhitzen. Restliche Zutaten einrühren, Soße etwas einkochen lassen. Das fertige Gericht mit Reis oder Butterkartoffeln servieren.

KARPFEN POLNISCH IN LEIPZIG

Die engen Verbindungen Sachsens und Polens in ihrer Geschichte haben auch in der Kochkunst ihre Spuren hinterlassen: Karpfen polnisch gehört zur sächsischen Küche durchaus dazu. Kein Wunder: Polnische Kaufleute waren auf der Leipziger Messe stets stark vertreten, an der Universität studierten viele polnische Studenten und Leipzig war neben Dresden bevorzugter Exilort für jene Polen, die in der Zeit der polnischen Teilungen ihre Heimat verlassen mussten.

Karpfen polnisch

1 Karpfen (mindestens 1 kg schwer), 100 g Butter, 3 kleine Zwiebeln, 2 Bund Wurzelwerk, 1 Zitrone, 2 Nelken, 1 Lorbeerblatt, 6 Gewürzkörner, Salz, 1 Flasche Bier, Zucker, ca. 70 g Speisepfefferkuchen.

Den Karpfen vorbereiten. In 50 g erhitzter Butter die gehackten Zwiebeln und das feinstreifig geschnittene Wurzelwerk dünsten. Etwas Zitronenschale und die übrigen Gewürze zugeben, ⅜ Liter siedendes Wasser auffüllen und alles etwa 20 Minuten auf kleiner Flamme zugedeckt kochen lassen. Durchseihen, dann Bier und geriebenen Speisepfefferkuchen einrühren. Die mit Zitronensaft marinierten und leicht gesalzenen Karpfenstücke etwa 20 bis 25 Minuten in der leise siedenden Soße gar ziehen lassen. Restliche Butter zugeben, abschmecken.

Fischfilet mit Kräuter-Käse-Kruste

600 g feines Fischfilet, 200 g Gemüsefenchel, 150 g Möhren, 100 g Sellerie, 150 g geriebener Emmentaler, 2 Eier, 60 g gemischte Kräuter, 80 g Öl, Zitrone, Salz, Pfeffer, 300 g Langkornreis, 1 Liter Brühe.

Das Fischfilet abspülen, trockentupfen und mit Zitrone marinieren. Das Gemüse fein schneiden, kurz andünsten, würzen und in eine Auflaufform geben. Darauf das gewürzte Fischfilet legen. Die gehackten Kräuter, den geriebenen Käse und die Eier vermischen und das Fischfilet damit abdecken. Im vorgeheizten Ofen 20 Minuten garen. Fisch in der Auflaufform servieren, Zitrone und Dillzweige zum Garnieren verwenden. Als Beilage in Brühe gegarten Risotto oder Butterreis reichen.

Gegrillte Schleie *(Foto)*

Die Fische kurz in kochendes Wasser tauchen, damit sie sich besser schuppen lassen. Nach dem Abschuppen innen und außen waschen, trockentupfen und einsalzen. Je ein kleines Stückchen Butter sowie einen Strauß Küchenkräuter in die Bauchhöhle geben.
Die Fische außen mit Öl einpinseln, dann auf dem Grillrost braten. Vor dem Servieren die Kräuter entfernen. Dazu Salzkartoffeln und zerlassene Butter reichen.

2 ausgenommene Schleien,
1 bis 2 Teel. Salz, 2 Essl. Öl,
frische Küchenkräuter (Majoran,
Basilikum, Petersilie und Dill),
1 Essl. Butter.

HORSTSEEFISCHEN

Bereits seit dem 16. Jahrhundert wird in den Wermsdorfer Teichen Fischzucht betrieben. Der Döllnitzsee ist mit 86 Hektar zwar der größte dieser Teiche, am bekanntesten jedoch ist der Horstsee nahe der Autobahnabfahrt Wermsdorf-Mutzschen. Tausende Besucher kommen jährlich am zweiten Oktoberwochenende zum Horstseefischen, um den traditionellen Fischzug zu verfolgen, fangfrischen Fisch – vor allem Karpfen – zu kaufen und natürlich Fischspezialitäten zu kosten.

FISCHERSTECHEN – EIN NASSES GAUDIUM

Schon früh nahmen die Leipziger Fischer den Brauch auf, Fischerstechen zu veranstalten. Zu einem bedeutenden Fest für die Stadt wurde das Fischerstechen allerdings erst am 12. Mai 1714 aus Anlass des 44. Geburtstages Augusts des Starken, der in Apels Garten gefeiert wurde. In mehreren Kähnen befanden sich jeweils zwei Fischer - der eine steuerte das Boot, der andere versuchte, seinen Gegenspieler in einem anderen Kahn mit einer hölzernen Lanze ins Wasser zu stürzen. Zum Gaudium aller Zuschauer! Heute erinnert das Leipziger Wasserfest an diese Tradition.

Teilnehmer am historischen Fischerstechen

Sächsischer Spick-Hecht

**1 Hecht (ca. 1,5 kg),
1 Zitrone, Salz,
40 g Speck, etwas
Margarine, 50 g Butter.**

Für die Soße:

**50 g Butter, ½ Liter
Fleischbrühe, 2 Essl. Mehl,
1 Essl. Kapern, ½ Zitrone,
Zucker, Salz, Pfeffer.**

Den Hecht abspülen, schuppen und ausnehmen. Nochmals abspülen und trockentupfen. Innen und außen mit Zitronensaft beträufeln, 15 Minuten ziehen lassen. Dann den Hecht innen und außen salzen. Speck in Streifen schneiden und den Fisch damit gleichmäßig spicken.

Pfanne mit Margarine einfetten, Fisch einlegen. Mit 50 g zerlassener Butter beträufeln, dann im Ofen bei 220 °C 25 Minuten braten.

Für die Soße 50 g Butter erhitzen, Mehl zugeben und kurz anschwitzen. Mit der Fleischbrühe ablöschen und aufkochen lassen. Kapern und Saft einer halben Zitrone zufügen, mit Zucker, Salz und Pfeffer abschmecken. Als Beilage Salzkartoffeln.

Gefülltes Hechtfilet *(Foto rechts)*

**750 g Hechtfilet, Zitrone,
weißer Pfeffer, fein gehackte Kräuter
(Dill, Zitronenmelisse, Kerbel).**

Für die Füllung:

**250 g Austernseitlinge, 30 g Speck,
1 Essl. gehackte Zwiebeln, etwas
Semmelmehl, 40 g geriebener Käse,
200 g frischer Blattspinat.**

Für die Soße:

**50 g Butterschmalz, 20 g Sardellenpaste,
50 ml Weißwein, 50 g Crème fraîche.**

Das Hechtfilet quer einschneiden und mit Zitrone, Pfeffer und den gehackten Kräutern marinieren.

Die Spinatblätter putzen, waschen, brühen, in Eiswasser legen, gut abtropfen lassen und damit die Innenseiten des Fischfilets belegen.

Speck würfeln und auslassen, Zwiebel und geputzte Pilze zugeben, mit Semmelmehl binden. Käse untermischen. Mit der Masse das Fischfilet bestreichen und zuklappen, etwas salzen und pfeffern. In Butterschmalz von beiden Seiten anbraten, im Backofen noch ca. 10 Minuten garen. Bratensaft mit Wein ablöschen, Soße mit Sardellenpaste und Crème fraîche abschmecken.

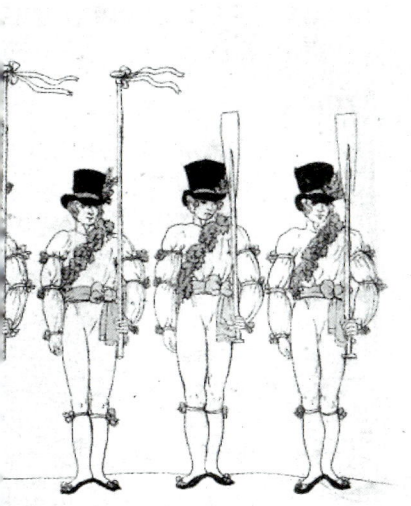

Feine Karpfensuppe

Für die Brühe ein Bund Suppengrün würfeln, das zweite in feine Streifen schneiden. Den gesäuberten Karpfen filetieren. Kopf, Schwanz, Gräten, das gewürfelte Suppengrün und Gewürze in zwei Liter Wasser zum Kochen bringen und 20 Minuten köcheln lassen. Brötchen in der Milch einweichen. Für die Fischklößchen das Karpfenfilet pürieren und mit dem ausgedrückten Brötchen, den Eiern, dem Eigelb, Salz, Pfeffer und der Zitronenschale vermischen, dann durch ein Sieb geben. Mit einem Teelöffel Klößchen abstechen und in der heißen Fischbrühe gar ziehen lassen, bis sie an der Oberfläche schwimmen. Dann herausnehmen und in einer Pfanne mit heißem Butterschmalz goldgelb braten. Das restliche Butterschmalz in einem Topf schmelzen, Mehl einrühren und leicht anschwitzen. Mit der Fischbrühe ablöschen. Das fein geschnittene Suppengrün zugeben, 5 Minuten köcheln lassen. Sahne und gehackte Petersilie zufügen und nochmals aufkochen. Mit Salz und Pfeffer abschmecken. Klößchen in die Suppe geben und sofort servieren.

Für die Brühe:
1 Karpfen (ca. 1,2 kg),
2 Bund Suppengrün, 1 Lorbeerblatt,
Salz, Pfeffer, 4 Pimentkörner.

Für die Fischklößchen:
250 g Karpfenfilet, 100 ml Milch,
1 Brötchen, 2 Eier, 1 Eigelb, Salz,
Pfeffer, Abrieb einer Zitrone,
30 g Butterschmalz,
2 Teel. gehackter Thymian.

Außerdem:
70 g Butterschmalz, 40 g Mehl,
150 g süße Sahne,
1 Bund glatte Petersilie.

WENN ES NUR NICHT AN LEIPZIGER DELIKATESSEN FEHLT!

Im ausgehenden 18. Jahrhundert entdeckten die Leipziger ihre Vorliebe für Spaziergänge und Ausflüge in die reizvolle Umgebung der Stadt. Man begegnete einander in der Parklandschaft des Rosentals, wanderte durch den Auenwald in die nahen Dörfer, die Gastlichkeit boten - mit Kirschfesten und Kirmesfeiern, Konzerten und Schlachtfesten. Denn Einkehren war stets der Höhepunkt des Ausflugs! In den Ausflugsgaststätten, die in und um Leipzig in großer Zahl entstanden, fanden die Spaziergänge der Leipziger Familien dann mit einem zünftigen Mahl ihren krönenden Abschluss.

Kirmesbraten *(Foto)*

750 g Schweinekamm,
3 Zwiebeln,
1 Essl. Speisestärke,
¼ Liter Sauermilch,
6 Essl. Kondensvollmilch,
1 Essl. Margarine,
¼ Liter Kräuteressig,
¼ Liter Brühe,
Salz, Pfeffer, Muskat,
Gewürzkörner, Paprika.

Den Schweinekamm mit Salz, Pfeffer und etwas Muskat kräftig würzen und in eine Pfanne legen. Den mit ⅛ Liter Wasser verdünnten Essig darüber gießen, die in Scheiben geschnittenen Zwiebeln und etwa 10 zerdrückte Gewürzkörner dazugeben. In die vorgeheizte Röhre stellen und unter häufigem Übergießen die Flüssigkeit fast verdampfen lassen, dabei das Fleisch ab und zu wenden. Margarine zerlassen, 1 Essl. Edelsüßpaprika einrühren und den Schweinekamm damit bestreichen. Zur restlichen Bratflüssigkeit die Brühe geben, dann eine Mischung aus verquirlter Sauermilch, Kondensvollmilch und Speisestärke.
Das Fleisch in nicht zu dünne Scheiben schneiden und mit Speckbohnen und Kümmelkartoffeln servieren.

Gulasch mit Gurken und Würstchen

Für 4-6 Personen:
600 g Rindergulasch,
3 Wiener Würstchen,
4 Gewürzgurken,
5 Zwiebeln,
6 Eier, 5 Essl. Öl,
1 Essl. Edelsüßpaprika,
1 Essl. Tomatenmark, Salz,
Kümmel, Senf, Majoran,
Knoblauch.

Das Fleisch würfeln, mit Paprika, Salz, gehacktem Kümmel, etwas Majoran und Knoblauch würzen und in einer Schüssel zugedeckt stehen lassen. Die in Scheiben geschnittenen Zwiebeln in Öl anschwitzen, Fleisch dazugeben und kurz anbraten. Mit Tomatenmark ablöschen, etwa 1 Liter Wasser auffüllen und wieder etwas einkochen lassen, bis das Fleisch fast gar ist. Grobe Stücke von Gewürzgurken zugeben und einige Zeit mitziehen lassen. Würstchen halbieren, schräg einschneiden, in Öl anbraten. Spiegeleier zubereiten. Die Soße mit 1 Essl. Senf abschmecken. Auf jede Portion Gulasch setzt man ein halbes gebratenes Würstchen und ein Spiegelei.

GESELLIGKEIT

Der seit 1840 in Leipzig lebende Schriftsteller Otto von Corvin beschrieb die Leipziger als heiteres, gutmütiges Volk, das mit Kind und Kegel gern die öffentlichen Gärten besuchte und abends ein paar Stunden in der Kneipe zubrachte. Den größten Zulauf hatten kleine Lokale, „wenn nur das Bier gut war und es an Schweinsknöchelchen, Wiener Würstchen mit Meerrettich, Sauerkraut mit Leberklößchen, Käsekuchen und anderen Leipziger Delikatessen nicht fehlte."
An Corvins Beschreibung gibt es bis heute eigentlich gar nichts zu korrigieren.

Nierchen mit Senfgurken und Sahne *(Foto)*

Die Nieren gut waschen, längs halbieren und in feine Scheiben schneiden. Zwiebeln ebenfalls in Scheiben schneiden und in Schmalz andünsten. Nieren dazugeben und unter Rühren alles leicht bräunen. Mit reichlich Pfeffer würzen, 1 Essl. Zucker darüber geben, mit Essig ablöschen und mit Mehl bestäuben. Mit ¼ Liter Wasser oder Brühe und ⅛ Liter Brühe von Senfgurken auffüllen, leicht salzen und etwa 5 bis 8 Minuten dünsten. Die gewürfelten Senfgurken dazugeben, kurz aufkochen lassen. Den Senf mit Sahne verquirlen und unterrühren. Gut durchziehen lassen, nochmals abschmecken. Gehackte Petersilie überstreuen und mit Kartoffelbrei oder Kartoffelklößen servieren.

**500 g Schweinenieren,
2 Zwiebeln, 250 g Senfgurke,
50 g Schmalz, 2 Essl. Mehl,
⅛ Liter saure Sahne,
Salz, Essig, Zucker,
Pfeffer, Senf,
1 Bund Petersilie.**

Kalbsnierenbraten

Das Schmalz in einer Pfanne erhitzen und den beim Fleischer gewickelten und mit Salz und Pfeffer kräftig gewürzten Kalbsnierenbraten in der Röhre anbraten. Die Kalbsknochen (möglichst klein gehackt) dazulegen, damit sie mitbräunen. Einige Flöckchen Margarine zugeben, alles immer wieder mit Bratenfett übergießen, mit Wasser oder Brühe, die mit etwas Tomatenmark abgelöscht wurde, auffüllen. Unter häufigem Begießen fertig braten. Bratensaft durchseihen und mit etwas angerührtem Mehl leicht binden. Dazu zartes Gemüse und Petersilienkartoffeln reichen.

**750 g Kalbsnierenbraten,
200 g Kalbsknochen,
2 Essl. Schmalz,
2 Essl. Margarine,
1 Essl. Tomatenmark,
Mehl, Salz, Pfeffer.**

Sächsische Leberscheiben

Die Leber in Scheiben schneiden, mit Mehl bestäuben und in Butter rasch von beiden Seiten anbraten. Saure Sahne aufgießen. Kapern und Zitronenschale fein hacken, zugeben und 5 Minuten dünsten. Mit Salz und Pfeffer abschmecken. Petersilie klein hacken und zum Schluss über die Leber streuen. Dazu Reis oder Kartoffelbrei.

**600 g Leber, 1 Essl. Mehl,
50 g Butter, 200 ml saure Sahne,
2 Essl. Kapern, Schale von ½ Zitrone,
Salz, schwarzer Pfeffer,
1 Bund Petersilie.**

Leipziger Filetsteak *(Foto)*

Für 4-6 Personen:

**4 bis 6 Rinderlendenstücke
zu je 125 g,
150 g Schabefleisch,
1 kg Kartoffeln,
5 bis 6 Essl. Öl,
4 Zwiebeln,
4 Essl. Tomatenketchup,
4 bis 6 Eier,
Salz, Pfeffer,
Lorbeerblatt, Knoblauch.**

Die Rinderlendenschnitten leicht klopfen und in eine Marinade aus Öl, Salz, Pfeffer, Zitronensaft, etwas zerdrücktem Knoblauch und einem Lorbeerblatt legen. Die Zwiebel in Scheiben schneiden und mit den ebenfalls in dünne Scheiben geschnittenen rohen Kartoffeln mischen. In Öl anbraten, mit Salz und Pfeffer würzen, unter häufigem Schwenken garen und zuletzt den Tomatenketchup unterrühren.

Mit der Mischung den Boden einer Form bedecken, darauf die zart und saftig gebratenen Filetsteaks legen. Schabefleisch abschmecken und rund geformt mit einer leichten Vertiefung in der Mitte auf die Steaks geben. In jede Vertiefung ein rohes Ei schlagen. Filetsteaks auf Zwiebelkartoffeln in der Backröhre überbacken. Dazu Kopf-, Gurken- oder Rapünzchensalat reichen.

Gespickter Schweinebraten

**1,5 kg Schweinebraten mit
Schwarte, 2 Nelken,
2 Essl. Senf,
Salz, Pfeffer,
40 g Margarine,
1 Bund Suppengrün,
2 Zwiebeln,
2 Essl. Mehl,
3 Essl. Tomatenketchup.**

Schwarte in Karos ritzen und in die Einschnitte jeweils eine Nelke stecken. Den Braten mit Salz, Pfeffer und Senf einreiben und in der heißen Margarine ½ Stunde bei 250 °C in der Röhre braten. Das klein geschnittene Suppengrün, die geschälten Zwiebeln und etwa ¼ Liter kochendes Wasser zugeben. Noch etwa 2 Stunden bei 200 °C braten, dabei das Fleisch öfters begießen.

Den fertigen Braten herausnehmen, in Alufolie einschlagen und wieder in den abgeschalteten Ofen legen. Bratensatz mit etwas Wasser loskochen, durchseihen und mit etwas angerührtem Mehl binden. Mit Tomatenketchup, Salz und Pfeffer abschmecken.

Den Braten wieder auspacken, in Scheiben schneiden und mit Salzkartoffeln servieren.

Lindenthaler Kalbshaxenscheiben *(Foto oben)*

4 bis 6 Scheiben Kalbshaxe zu je 250 bis 300 g (vom Fleischer geschnitten und gesägt), 3 Essl. Öl, 75 g Butter, ½ Stange Porree, 100 g Sellerie, 1 Essl. Tomatenmark, 2 Zwiebeln, ½ Liter Brühe, 1 Teel. Mehl, ⅛ Liter saure Sahne, Salz, Pfeffer, Rosmarin, 1 Bund Petersilie.

Die Kalbshaxenscheiben von beiden Seiten leicht ölen, mit Salz, Pfeffer und einer Spur Rosmarin würzen, 20 Minuten einwirken lassen. Das restliche Öl erhitzen, und die Haxenscheiben beidseitig braun braten. Flöckchenweise Butter zugeben, die Scheiben häufig wenden. Das Tomatenmark, das klein geschnittene Gemüse und die Petersilie zugeben, leicht anbraten. Ein wenig Brühe auffüllen und wieder einkochen lassen, wiederholen, bis die Haxenscheiben gar sind. Soße würzig abschmecken, durchseihen und mit saurer Sahne, in die etwas Mehl gequirlt ist, binden. Zu den Kalbshaxenscheiben Leipziger Allerlei und Petersilienkartoffeln reichen.

Schmorbraten in Morchelrahm

30 g getrocknete Morcheln, 1,5 kg Rindfleisch aus der Keule, Salz, Pfeffer, 4 Teel. getrockneter Rosmarin, 40 g Butterschmalz, 2 Zwiebeln, je ⅛ Liter Rotwein, Brühe und Sahne.

Die Morcheln in ¼ Liter warmem Wasser einweichen. Das Fleisch mit Salz und Pfeffer einreiben, mit Rosmarin spicken und im erhitzten Schmalz anbraten. Die fein gehackten Zwiebeln zugeben, Rotwein angießen, dann die Morcheln samt Wasser sowie die Fleischbrühe zugeben. 60 Minuten garen. Dann Fleisch herausnehmen und warm stellen. Sahne zum Fond geben und Soße etwas einkochen. Braten in Scheiben schneiden und mit Salzkartoffeln servieren.

Ente auf sächsische Art *(Foto unten)*

1 Ente, Salz, schwarzer Pfeffer, 250 g Backpflaumen ohne Stein, 1 Zwiebel, 2 Äpfel, 5 Essl. Semmelmehl, 1 Ei, ½ Teel. Zimt, ½ Teel. Zucker, Schale von ½ Zitrone, 125 ml Fleischbrühe, 100 ml Sahne.

Die gewaschene Ente trockentupfen, von innen und außen mit Salz und Pfeffer einreiben. Die Backpflaumen in Wasser einweichen. Zwiebel und Äpfel schälen, die Äpfel entkernen und alles in Scheiben schneiden. Mit Semmelmehl und Ei mischen und mit Salz, Pfeffer, Zimt und Zucker abschmecken. Zitronenschale abreiben und mit den Pflaumen zugeben, alles gut vermischen. Die Ente mit der Mischung füllen, Öffnung mit einem Holzspieß verschließen. Die Ente auf den Bratrost über der Fettpfanne legen und 2 Stunden bei 200° C braten, dabei mehrmals wenden und mit Fleischbrühe oder Bratenfond begießen. Die Soße aus der Fettpfanne durch ein Sieb gießen, entfetten und mit Sahne verfeinern. Die Ente tranchieren und mit Klößen servieren.

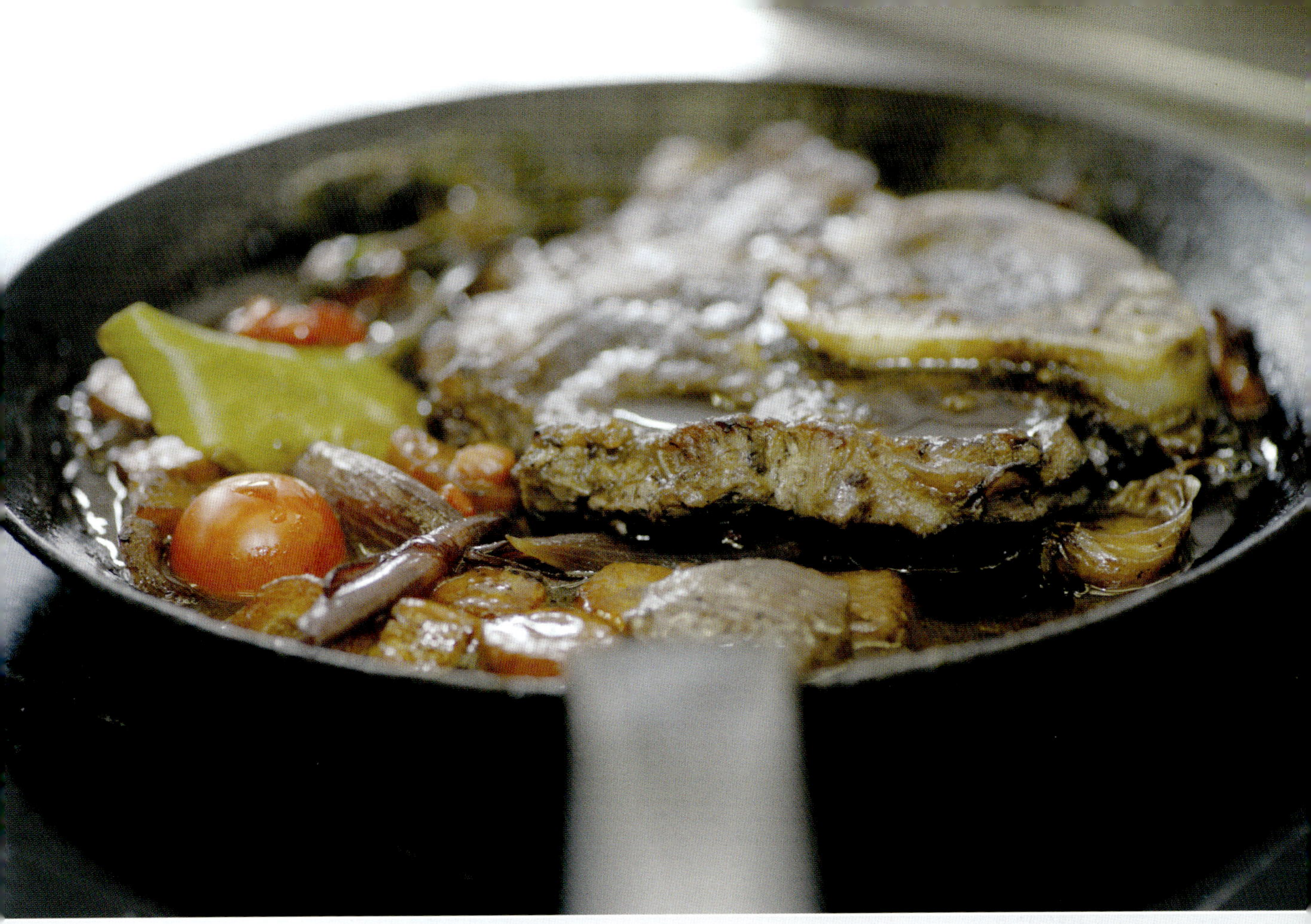

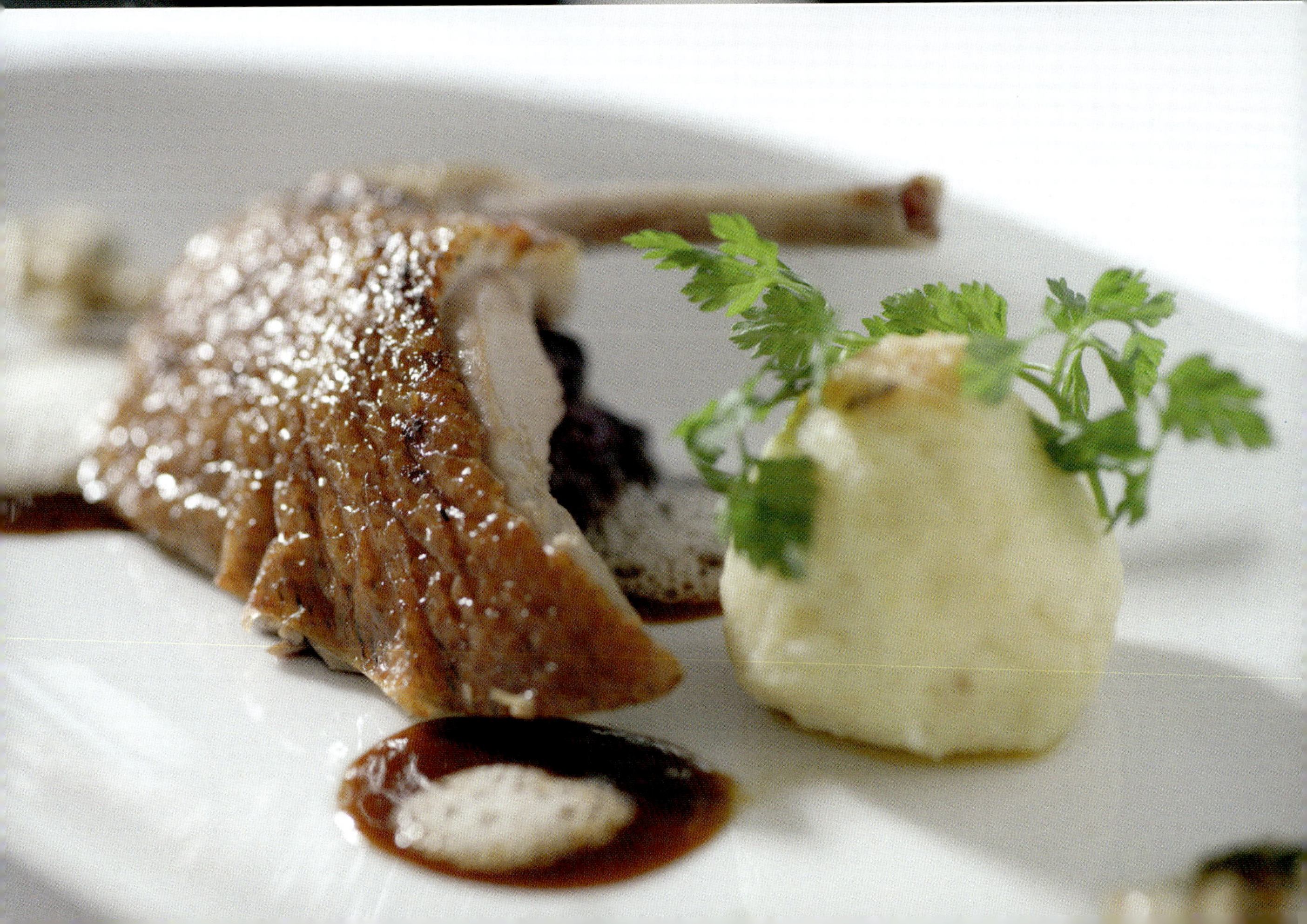

DIE FLEISCHBÄNKE AM NASCHMARKT

Die Leipziger Marktordnung von 1726 galt auch für die Fleischer. Diese aber versuchten, die Gesetze möglichst zu umgehen. Um die Fleischsteuer einzusparen, brachten sie das Fleisch nicht öffentlich in die Stadt, sondern versteckten es unter den Schürzen ihrer Frauen und Mägde, schmuggelten es auf diese Weise an den Torwachen vorbei. Auch mit den Warenmengen nahmen es die Fleischer nicht immer so genau. Marktvögte achteten deshalb darauf, dass die Gewichte stimmten.

Landfleischerpaar um 1820

Hähnchen mit Kräuterfüllung

**1 Hähnchen, 4 Brötchen,
1 ½ Tassen Milch,
1 ½ Essl. Margarine, 3 Eier,
Salz, Pfeffer,
3 Essl. gehackte Petersilie,
1 Essl. gehackter Dill,
Fett zum Braten.**

Das Hähnchen mit Salz einreiben und etwa eine halbe Stunde stehen lassen. Die zerkleinerten Brötchen in Milch einweichen, dann ausdrücken. Die Margarine mit den Eigelben verrühren. Brötchenmasse, Petersilie und Dill zugeben, mit Salz und Pfeffer abschmecken und das steif geschlagene Eiweiß unterziehen. Mit dieser Mischung das Hähnchen füllen, Öffnung zustecken und braun und saftig braten, dabei ab und zu etwas Wasser angießen. Ist das Hähnchen gar, mit der Füllung portionieren und mit Petersilienkartoffeln und Gurkensalat servieren. Das gefüllte Hähnchen kann aber auch kalt mit Kompott angerichtet werden.

Leipziger Fleischpastete *(Foto)*

**400 g Rinderfilet,
200 g Schweinsfilet, 10 kleine
Kartoffeln, 2 bis 3 Zwiebeln,
Salz, Pfeffer, 1 Ei.**
Für den ungesüßten Mürbeteig:
**400 g Mehl, 2 Eier, 240 g Margarine,
1 ½ Teel. Salz, ½ Teel. Paprika,
abgeriebene Zitronenschale.**

Aus Mehl, Eiern, Margarine und Gewürzen einen Teig kneten und 30 Minuten kalt stellen. Dann mit der reichlichen Hälfte des Teiges eine leicht gefettete Springform auslegen. Fleisch, Kartoffeln und Zwiebeln kleinwürfelig schneiden und darauf verteilen, würzen.
Mit Teig abdecken und etwa 90 Minuten bei Mittelhitze backen.
15 Minuten vor dem Herausnehmen mit Ei bestreichen.

EINLADUNG ZUM KAFFEEKRÄNZCHEN

Der „Marktplatz Europas" spielte eine wichtige Rolle in der Kaffeegeschichte Deutschlands, hier entwickelte sich eine ausgeprägte Kaffeehauskultur. Schon 1694 wurde in Leipzig öffentlich Kaffee ausgeschenkt - wenig später als in Hamburg, viel früher als in Berlin. In der Messe- und Universitätsstadt bildeten Kaffeehäuser Orte der Kommunikation für das aufstrebende Bürgertum. Frauen blieb der Zutritt zunächst verwehrt. Sie riefen deshalb das „Kaffeekränzchen" ins Leben, private Zusammenkünfte in den eigenen vier Wänden. Eine Mode, die von Leipzig und Hamburg aus ganz Deutschland ergriff.

Richters Kaffeehaus, 1785

Kaffeecreme *(Foto)*

40 g gemahlener Bohnenkaffee, 500 g Sahne, 150 g Zucker, 200 ml Milch, 4 Eigelb, 20 g Gelatine, 25 g Vanillezucker.

Kaffee mit Milch aufbrühen und durch ein Sieb gießen. Eigelbe mit Zucker verquirlen und in die noch heiße Milch geben. Masse im Wasserbad cremig rühren, dabei die nach Vorschrift bereitete Gelatine unterziehen. Abkühlen lassen. Sobald die Masse beginnt zu gelieren, die Sahne unterziehen. In Gläsern servieren.

Gewürzkaffee

10 Teel. gemahlener Bohnenkaffee, ½ Zimtstange, 4 Gewürznelken, ¼ Liter Schlagsahne, 50 g Zucker, 4 Essl. Weinbrand, Schokoladenstreusel, geröstete Mandelblättchen.

Den Kaffee sowie die Nelken und die Zimtstange mit 4 Tassen kochendem Wasser überbrühen und 5 Minuten zugedeckt ziehen lassen. Die Schlagsahne steif schlagen, dabei 1 Essl. Zucker zufügen. Den Kaffee durch ein Sieb gießen und den restlichen Zucker einrühren.
In die vorgewärmten Kaffeetassen jeweils 1 Essl. Weinbrand geben und mit Kaffee auffüllen. Sahnehäubchen aufsetzen und mit Schokoladenstreuseln sowie Mandelblättern garnieren.

Teufelskaffee

4 Essl. gemahlener Bohnenkaffee, 2 Zimtstangen, 8 Stück Würfelzucker, 4 Essl. Weinbrand.

Die Zimtstangen in ¾ Liter Wasser 5 Minuten köcheln lassen, dann herausnehmen. Mit dem Zimtwasser den Bohnenkaffee filtern und in 4 Tassen verteilen. Für jede Tasse auf einen vorgewärmten Esslöffel 2 Stück Würfelzucker legen, mit Weinbrand übergießen und anzünden. Sobald die Flamme erloschen ist, in den Kaffee einrühren.

Türkischer Mokka

40 bis 50 g gemahlener Bohnenkaffee, 40 g Zucker.

Kaffee und Zucker in ½ Liter leise siedendes Wasser geben und ein- bis zweimal aufwallen lassen. In Mokkatassen servieren.

Kalter Türkentrunk

6 Essl. gemahlener Bohnenkaffee, 2 Essl. Zucker, 4 Essl. Weinbrand.

Den Kaffee mit ½ Liter kochendem Wasser überbrühen. Durch ein Sieb gießen, den Zucker zufügen. Umrühren und kalt stellen. Je 3 Eiswürfel in ein Glas legen, Weinbrand darüber gießen und gekühlten Kaffee auffüllen.

GOLDENES KAFFEEZEUG

August der Starke blieb dem Kaffee sein Leben lang treu. Das edle schwarze Getränk sollte auch eine kostbare Hülle bekommen. Kaum war Friedrich August König von Polen, beauftragte er den Hofjuwelier Johann Melchior Dinglinger, ein goldenes Kaffeezeug zu entwerfen. Am 23. Dezember 1701 überreichte der Juwelier dem König sein Meisterwerk in Warschau – ein Goldgeschirr mit 45 Teilen. August der Starke kaufte es für 50 000 Taler, die er in kleinen Summen bis 1711 abzahlen ließ.

Entwurf für die Aufstellung des Goldenen Tafelzeugs

Mokkalikör

Die Kaffeebohnen fein mahlen und mit ½ Liter kochendem Wasser übergießen. Natron untermischen und alles 1 Stunde ziehen lassen. Immer wieder umrühren. Inzwischen aus ⅛ Liter Wasser und dem Zucker eine Zuckerlösung herstellen. Den Kaffeeextrakt filtern und mit der Zuckerlösung vermischen. Weingeist und Weinbrand zufügen, in Flaschen abfüllen und mindestens einen Tag ruhen lassen.

30 g Kaffeebohnen,
1 Messerspitze Natron,
200 g Zucker,
⅛ Liter Weingeist,
⅛ Liter Weinbrand.

Eismokka

Den gekühlten Mokka, das Eis und den Angosturabitter gut verquirlen. In kleine Gläser füllen.

4 Tassen Mokka, 4 Essl. Mokkaeis,
4 Tropfen Angosturabitter.

Kaffeepunsch

⅛ Liter Wasser mit Zimtrinde und Zucker aufkochen. Die Zimtrinde herausnehmen und Rum einrühren. Heißen Kaffee auffüllen. In Gläser gießen und mit Schlagsahne garnieren.

1 Liter starker Kaffee, Zimtrinde,
4 Essl. Zucker, 4 Gläschen Rum,
Schlagsahne.

Kaffeelikör

Den Instantkaffee mit Zucker und Vanillezucker in 300 ml warmem Wasser auflösen. Abkühlen lassen, dann mit Weingeist und Weinbrand vermischen. Wasser bis zur 1-Liter-Marke auffüllen, Likör in kleine Flaschen geben und einen Tag ruhen lassen.

10 g Instantkaffee,
320 g Zucker, 1 Essl. Vanillezucker,
300 ml Weingeist, 60 ml Weinbrand.

Eiskaffee

Den Kaffee mit der Sahne und dem Puderzucker gut verrühren und über das in vier Gläser verteilte Vanilleeis gießen.

½ Liter eisgekühlter starker Bohnenkaffee,
⅛ Liter Kondensmilch,
2 Essl. Puderzucker, 4 Portionen Vanilleeis.

EXOTISCHES GETRÄNK

Während eines Leipziger Messebesuches im Frühjahr 1697 soll August der Starke seine erste Tasse Kaffee getrunken haben. Vielleicht aber kannte er das exotische Getränk schon seit seiner Kavalierstour durch Europa von 1687 bis 1689. Damals kamen Kaffee, Tee und Schokolade gerade groß in Mode, es war die Zeit der „ausländischen frembden Schlürff-Träncken".

Mokka-Sahnelikör

10 g Instantkaffee, 200 ml süße Sahne, 300 ml Zuckersirup, 30 ml Eiweiß, 1 Essl. Vanillezucker, 100 ml Weinbrand, 220 ml Weingeist.

Sahne mit Zuckersirup, Eiweiß, Vanillezucker und Instantkaffee vermischen. Langsam Weinbrand und Weingeist einrühren. Mit Wasser bis zur 1-Liter-Marke auffüllen. Sofort servieren. Hinweis: Dieser Likör muss rasch verbraucht werden, da er sich sonst wieder entmischt.

Schokoladenkaffee à la Richter

4 Tassen starker gefilterter Bohnenkaffee, 100 g bittere Schokolade, ¼ Liter Schlagsahne, 4 Teel. Zucker.

Für den Rosenlikör:
200 g stark duftende Rosenblütenblätter, 150 g Zucker, ⅜ Liter Korn, 5 cl Weinbrand.

Die Schokolade raspeln und in ⅛ Liter Schlagsahne erhitzen, bis sich die Schokolade auflöst. Heißen Bohnenkaffee zugeben. In vier vorge-wärmte Tassen jeweils 1 Teel. Zucker geben, Kaffee aufgießen. Restliche Sahne steif schlagen, Sahnehäubchen auf jede Tasse setzen. Mit Rosenlikör und Mokkapralinen servieren.
Frische Rosenblütenblätter, von denen die Stielansätze entfernt wurden, mit ¼ Liter kochendem Wasser übergießen. Zugedeckt 12 Stunden ziehen lassen. Rosenwasser abseihen, Zucker zufügen. Unter ständigem Rühren erhitzen, dann erkalten lassen. Korn und Weinbrand einrühren. Likör in Flaschen füllen und vier Wochen ruhen lassen.

Prinzesskaffee à la Gesswein

4 Essl. gemahlener Bohnenkaffee, ½ Teel. kandierter Ingwer, 4 Teel. Honig, Schlagsahne.

Den kleingeschnittenen Ingwer in ½ Liter Wasser 2 Minuten kochen. Mit dem Ingwerwasser Filterkaffee zubereiten, dabei den Honig in die Kanne geben. Kaffee umrühren und kalt stellen. Mit einem Klecks Schlagsahne servieren.

Leipziger Kaffeehäufchen

Das Kokosfett schmelzen, die Haferflocken zugeben und goldgelb rösten. In eine Schüssel geben, Puderzucker, Kaffeepulver, Sahne und Rum zufügen. Alles gut verrühren. Kleine Häufchen abstechen und auf die Oblaten setzen. Kalt stellen.

1 Essl. gemahlener Bohnenkaffee,
50 g Kokosfett, 150 g Haferflocken, 100 g Puderzucker,
6 Essl. süße Sahne,
1 Essl. Rum, Backoblaten.

Kaffeestreifen

Kaffee und Backpulver mit dem gesiebten Mehl vermischen. Die Butter mit Zucker, Eiern und Eigelben schaumig schlagen. Zitronenschale, Vanillezucker und Salz zugeben. Die Mehlmischung nach und nach einarbeiten und einen glatten Teig bereiten. Ausrollen und Streifen (6 cm lang, 2 cm breit) schneiden, dabei die Enden abschrägen. Streifen auf ein gefettetes Backblech legen und bei 160° C ca. 15 Minuten backen.

Die Kuvertüre zerkleinern und mit dem Kokosfett im Wasserbad schmelzen. Kühl stellen, bis die Masse fast fest wird. Dann nochmals schmelzen und die Kaffeestreifen jeweils zur Hälfte in die Glasur tauchen, anschließend in den gerösteten Mandelblättchen wenden. Kühl aufbewahren.

50 g gemahlener Bohnenkaffee,
375 g Mehl, ½ Päckchen
Backpulver, 100 g Butter,
150 g Zucker, 2 Eier, 2 Eigelb,
1 Päckchen Vanillezucker,
1 Teel. abgeriebene
Zitronenschale, 1 Prise Salz.

Für die Glasur:
200 g weiße Kuvertüre,
50 g Kokosfett, 125 g geröstete
Mandelblättchen.

LEIPZIGER LERCHEN UND RÄBCHEN

„Kaffeesachsen" sind auch „Kuchensachsen" - und das ist kein Zufall. Als die exotischen Heißgetränke Kaffee, Tee und Kakao um die Mitte des 17. Jahrhunderts nach Europa kamen, wurden sie mit einem anderen Genussmittel kombiniert: dem Zucker. Kaffee, Zucker und Kuchen wurden unzertrennlich, zumal sächsische Bäcker auf vorzügliches Mehl zurückgreifen konnten. Zum „Kaffeeland Sachsen" gesellte sich das Kuchenland.

Leipziger Lerchen (Foto)

Für den Teig:
250 g Mehl, 1 Ei,
1 kräftige Prise Salz,
1 Teel. Weinbrand,
70 g Zucker, 125 g Butter.

Für die Füllung:
125 g Butter, 150 g Puderzucker,
1 Eigelb, 150 g geriebene
Mandeln (darunter 4 bittere),
75 g Mehl, 1 Essl.
Stärkemehl, 4 Eiweiß,
250 g Aprikosenkonfitüre.

Mehl in eine Schüssel sieben, in die Mitte eine Vertiefung drücken. Ei, Salz und Weinbrand hinein geben, Zucker darüber streuen. Butterflöckchen dazugeben, einen glatten Teig kneten. 30 Minuten in den Kühlschrank stellen.

Für die Füllung Butter schaumig schlagen und Puderzucker, Eigelb, Mandeln, Mehl und Stärkemehl zugeben. Eiweiß zu Schnee schlagen und unterheben.

Kleine runde Förmchen ausbuttern. Teig ½ cm dick ausrollen, Förmchen damit auslegen und mit einer Gabel mehrmals einstechen. Konfitüre darauf streichen, darüber Mandelmasse geben. Obenauf über Kreuz jeweils zwei Teigstreifen legen. Im vorgeheizten Backofen bei 175° C etwa 20 Minuten backen.

Leipziger Ringtaler

**8 große Äpfel, 100 g Zucker,
4 Essl. Zitronensaft, 175 g Mehl,
3 Essl. Stärkemehl,
2 Essl. weiche Butter, Salz,
2 Eigelb, ¼ Liter Milch,
6 Essl. süße Sahne, 2 Eiweiß,
Fett zum Ausbacken, Zimtzucker.**

Die Äpfel mit Hilfe eines Apfelausstechers von den Kerngehäusen befreien, schälen und in 1 cm dicke Ringe schneiden. Mit 1 Essl. Zucker bestreuen und mit Zitronensaft beträufeln. Mehl, Stärkemehl, Butter, Salz, Eigelbe, restlichen Zucker, Milch und Sahne verrühren, Teig 15 Minuten quellen lassen. Eiweiß zu Schnee schlagen und unter den Teig heben. Die Apfelringe durch den Teig ziehen, in erhitztem Fett beidseitig goldbraun ausbacken. Mit Zimtzucker bestreuen und heiß servieren.

Leipziger Ringelschwänzchen

**50 g Butter, 100 g Zucker,
1 kräftige Prise Salz, 2 Eier,
6 Essl. Weißwein (Riesling),
300 g Mehl, Butterschmalz,
1 Teel. gemahlener Ingwer,
Puderzucker.**

Die weiche Butter mit Zucker, Salz und Ei verschlagen, Weißwein zugeben. Mehl und Ingwer einrühren, alles zu einem glatten Teig verarbeiten. Teig auf bemehltem Brett ausrollen und etwa 2 cm breite und 12 cm lange Streifen schneiden. Butterschmalz erhitzen, jeden Teigstreifen über einen Quirlstiel drehen und in das erhitzte Schmalz streifen. Goldbraun ausbacken. Herausnehmen, abtropfen lassen und dick mit Puderzucker besieben.

„D'RNÄHM"

Im Café Gesswein war der Student Johann Wolfgang Goethe oft zu Gast - angezogen aber weniger von Speis und Trank, als vielmehr von Käthchen Schönkopf, der Tochter des Wirtes. Von der Freundschaft der jungen Leute blieb eine Erinnerungsstätte im berühmten Café am Brühl 21, ungeachtet der Tatsache, dass Goethe eigentlich im Schönkopfschen Haus verkehrte. Doch das lag nebenan, „d'rnähm", wie der Leipziger sagt.

Sächsischer Pflaumenkuchen (Foto)

Für den Teig das Mehl in eine Schüssel sieben, in die Mitte eine Vertiefung drücken. Hefe zerbröckeln, in etwas lauwarmer Milch mit 1 Essl. Zucker verquirlen und in die Vertiefung geben. Etwas Mehl überstäuben. 30 Minuten gehen lassen. Weiche Butterstückchen, Zucker, Vanillezucker und Salz auf den Mehlrand geben, Zutaten vermengen, dabei restliche Milch zugeben. Teig 1 Stunde gehen lassen.

Für die Streusel Butterflocken, Mehl und Zucker verarbeiten.

Teig nochmals kneten und auf bemehltem Brett fingerdick ausrollen. Backblech buttern, Teig darauf geben und Rand andrücken. Semmelmehl auf dem Teig verteilen und die halbierten und entkernten Pflaumen dicht auflegen. Darüber die Streusel geben. Nochmals 10 Minuten gehen lassen. Im vorgeheizten Backofen bei Mittelhitze etwa 45 Minuten backen.

Für den Teig:

500 g Mehl, 30 g Hefe,
¼ Liter Milch, 150 g Zucker,
200 g Margarine oder Butter,
1 Päckchen Vanillezucker,
1 kräftige Prise Salz.

Für den Belag:

2 kg Pflaumen,
2 Essl. Semmelmehl.

Für die Streusel:

100 g Butter, 150 g Mehl,
100 g Zucker.

Bäbe

Das gesiebte Mehl mit allen übrigen Zutaten (die zerbröckelte Hefe in lauwarmer Flüssigkeit aufgelöst) zu einem geschmeidigen Teig verarbeiten und gehen lassen. Nochmals kurz durcharbeiten, dann in eine gefettete und ausgestäubte Napfkuchenform füllen. Bei Mittelhitze goldbraun backen. Nach Wunsch mit Butter bestreichen und mit Puderzucker bestreuen.

Die Bäbe kann durch Zugabe einiger Esslöffel Rum geschmacklich verfeinert werden. Und auch äußerlich kann man sie mit einer Glasur variieren. Dazu rührt man 150 g Puderzucker und 80 g Kakao mit 2 Essl. heißem Wasser glatt, gibt 1 Essl. zerlassene Butter hinzu, verrührt alles und zieht die Glasur über die Bäbe.

750 g Mehl,
300 g Margarine oder Butter,
Salz, 175 g Zucker,
150 g Mandeln,
abgeriebene Zitronenschale,
45 g Hefe, reichlich ⅛ Liter
saure Milch oder Sahne.

UNZERTRENNLICH

*Die Sachsen gelten auch als Erfinder der Kunst des „Ditschens":
der Kuchen wird dabei in den Kaffee eingetaucht und somit vor
dem Verzehr inniglich mit dem geliebten Heißgetränk vereinigt.
Kaffee und Kuchen sind eben unzertrennlich.*

Borsdorfer Quarktorte (Foto)

Für den Hefeteig:
**250 g Mehl, 50 g Zucker, 40 g
Margarine, Salz, ½ Päckchen
Vanillezucker, ⅛ Liter Milch, 15 g Hefe.**
Außerdem:
**50 g Margarine oder Butter,
175 g Zucker, 1 Päckchen Vanillezucker,
2 Eier, 500 g Quark, 2 Essl. Grieß,
500 g Äpfel, 3 Essl. Rum oder Weinbrand.**

Zunächst den Hefeteig bereiten: Das gesiebte Mehl mit den übrigen
Zutaten (die zerbröckelte Hefe in handwarmer Milch verrührt) zu einem
glatten Teig verarbeiten. An einem warmen Ort 90 Minuten gehen
lassen. Teig nochmals kneten und damit eine gefettete Springform
auslegen, hohen Rand andrücken. Margarine, Zucker, Eier und Vanillezucker schaumig schlagen.

Quark, geraspelte Äpfel, Grieß und Rum zugeben, alles gut verrühren
und auf dem Teig verteilen. Torte bei Mittelhitze etwa 50 Minuten
backen. Mit Butter bestreichen und zuckern.

Sächsischer Butterkranz

**30 g Hefe,
⅛ bis ¼ Liter lauwarme Milch,
300 g Butter oder Margarine,
500 g Mehl, Salz,
8 geriebene bittere Mandeln,
Rosinen (nach Belieben),
115 g Zucker, 1 Essl. Rum,
1 Ei,
45 g gehackte
süße Mandeln.**

Die Hefe in etwas Milch auflösen. Die Hälfte der Butter schaumig rühren. Das Mehl, etwas Salz, die Hefe, die bitteren Mandeln, nach Belieben Rosinen, 65 g Zucker und den Rum zugeben. Unter Rühren so viel
Milch zugießen, dass ein recht fester Teig entsteht. An einem warmen
Ort gehen lassen.

Dann den Teig auf einem Backbrett kräftig kneten und in drei Teile teilen. Die Teigstücke zu etwa daumendicken Rollen formen und daraus
einen Zopf flechten. Den Zopf zu einem Kranz zusammen legen und
auf ein gefettetes Blech geben. Mit verquirltem Ei bestreichen und mit
süßen Mandeln bestreuen. Nochmals gehen lassen.

Kranz mit geschmolzener Butter bestreichen, dick mit Zucker bestreuen
und bei starker Hitze etwa eine halbe Stunde backen.

KÖNIG DES VERGNÜGENS

Georg Kintschy, den Besitzer des Schweizerhäuschens im Leipziger Rosental, nannte man auch „König des Vergnügens". In den Dreißiger- und Vierzigerjahren des 19. Jahrhunderts strömten an manchen Tagen bedeutende Menschenmengen zu Kintschy, um dessen frischen Kuchen zu probieren. Berühmt waren auch die Konzerte im Schweizerhäuschen – vor allem wegen der nassen Unterbrechungen. Seit 2001 ist der älteste Leipziger Kaffeegarten nun als „Hacienda Las Casas" wieder geöffnet. Wenn auch die jetzt hier angebotenen Speisen und Getränke nicht mehr sächsisch sind, die Gäste sind es (zumindest überwiegend) noch immer.

Schweizerhäuschen um 1850

Borsdorfer Apfeltorte

125 g Butter, 125 g Zucker, 4 Eier, ½ Teel. abgeriebene Zitronenschale, 200 g Mehl, 2 Essl. Stärkemehl, 2 gestrichene Teel. Backpulver, 4 Essl. kalte Milch, 750 g säuerliche Äpfel, 100 g Aprikosenmarmelade, 50 g Hagelzucker.

Butter schaumig schlagen, Zucker unterrühren. Eier trennen. Eigelb und Zitronenschale zur Buttermasse geben. Mehl, Stärkemehl und Backpulver mischen, sieben und langsam mit der Milch einrühren. Eiweiß zu Schnee schlagen und unter den Teig heben. Eine Springform ausbuttern, Teig einfüllen. Äpfel vom Kernhaus befreien, schälen, halbieren und auf dem Teig verteilen. Im vorgeheizten Backofen bei Mittelhitze 50 bis 60 Minuten backen. Noch warm mit Aprikosenmarmelade bestreichen und Hagelzucker aufstreuen.

Sächsischer Kirschkuchen

Für den Hefeteig:
500 g Mehl, 100 g Zucker, 80 g Margarine oder Butter, Salz, 1 Päckchen Vanillezucker, knapp ¼ Liter Milch, 30 g Hefe.
Außerdem:
1,5 bis 2 kg Kirschen, 200 g Mehl, 50 g Zimtzucker, 100 g Margarine oder Butter, 100 g Zucker, Salz.

Gesiebtes Mehl mit den übrigen Zutaten (die zerbröckelte Hefe in handwarmer Milch verrührt) zu einem glatten Teig verarbeiten. An einem warmen Ort 90 Minuten gehen lassen. Teig nochmals kneten, dann auf ein gefettetes Blech geben, Rand andrücken. Dick mit Kirschen belegen und mit Zimtzucker bestreuen. Aus Mehl, Margarine, Zucker und einer Prise Salz Streusel kneten und auf die Kirschen krümeln. Etwa 40 Minuten backen.

Leipziger Räbchen

Zunächst den Teig bereiten: Zum Bier Öl und Zucker geben, verquirlen und allmählich das gesiebte Mehl einrühren. Eiweiß zu Schnee schlagen und unterheben. Für die Füllung Mandeln mit Zucker, Rosinen, Orangeat und Rum vermischen. Die Pflaumen entsteinen und füllen, dann in den Teig tauchen und in erhitztem Öl goldgelb backen. Herausnehmen und in Zimtzucker wälzen, mit Puderzucker besieben und mit Schlagsahne servieren.

Für den Teig:

¼ Liter Bier, 1 Essl. Öl, 30 g Zucker, 250 g Mehl, 2 Eiweiß.

Für die Füllung:

150 g geriebene Mandeln, 2 Essl. Zucker, 50 g Butter, 50 g Rosinen, 2 Essl. Rum, 50 g kleingeschnittenes Orangeat.

Außerdem:

1 kg Pflaumen, Zimtzucker, Puderzucker, Schlagsahne.

Kaffeetorte

Eigelb, Margarine und Puderzucker schaumig rühren. Unter Rühren den Bohnenkaffee, die Milch und das mit Backpulver vermischte Mehl zugeben. Zuletzt den steif geschlagenen Eischnee unterziehen. Die Masse in eine gefettete und mit Mehl ausgestreute Tortenform geben und langsam backen. Nach dem Auskühlen die Torte quer teilen und füllen. Für die Füllung 3 Essl. Wasser in die Milch gießen, mit dem Mehl verrühren und zu einem Brei kochen. Auskühlen lassen. Inzwischen Butter, Puderzucker, Eigelb und Vanillezucker verrühren. Nach und nach den erkalteten Brei und die gemahlenen Mandeln zugeben, alles gut verrühren und die Torte damit füllen. Für die Glasur den Puderzucker und das Eiweiß mit 1 Essl. Wasser verrühren und damit die Oberfläche der Torte glasieren.

Für den Teig:

2 Eier, 50 g Margarine, 150 g Puderzucker, ½ Tasse starker Bohnenkaffee, 1 Tasse Milch, 200 g Mehl, ½ Päckchen Backpulver.

Für die Mandelfüllung:

⅛ Liter Milch, 2 Essl. Mehl, 70 g Butter, 70 g Puderzucker, 1 Eigelb, 1 Päckchen Vanillezucker, 50 g Mandeln.

Für die Glasur:

100 g Puderzucker, 1 Eiweiß.

Vogtland

Die Göltzschtalbrücke bei Reichenbach, 1845 – 51 für die Bahnlinie Leipzig – Hof erbaut, ist als eine der bedeutendsten Steinbrücken in Deutschland ein Wahrzeichen des Vogtlandes. Und die gute Küche beeindruckt mit einfallsreichen Kartoffelgerichten und leckeren Braten.

Essen und Trinken
wie im „Kartoffelland"

In der vogtländischen Küche dreht sich alles um die Knolle - die Kartoffel. Schon im 16. Jahrhundert kam sie aus ihrer Heimat, den Gebirgsgegenden Perus und Chiles, nach Europa. Hier bewunderte man ihre „schönen Blumen", erst später auch den „anmutigen" Geschmack. Die Kartoffelpflanze blieb zunächst eine botanische Rarität in den fürstlichen Lustgärten. Auf die fürstliche Tafel gelangten Kartoffeln kaum, sie passten nicht ins kulinarische Zeitbild. Die Vogtländer aber trauten sich, die Kartoffel auch feldmäßig anzubauen. Die ersten Belege dafür finden sich in Schönberg am Kapellenberg im südwestlichen Zipfel des Vogtlandes. Dort soll 1680 der Landwirt Rogler als erster in Sachsen Kartoffeln gepflanzt haben. Ein zweiter Vogtländer, der Zimmergeselle Kummer aus Unterwürschnitz, brachte Kartoffeln von der Wanderschaft mit nach Hause. Die „vogtländische Knolle", wie die Kartoffel fortan hieß, fiel auf den rechten Boden, denn das

Vogtland war zwar reich an Menschen, aber arm an Nahrung. Gerade den einfachen Leuten half sie zu überleben. Einsichtsvolle Amtsleute und Pfarrer förderten deshalb den Kartoffelanbau, man nannte sie auch die „Knollenprediger".

Die Vogtländer ersannen die verschiedensten Zubereitungsarten für die „Erdäpfel": als Klöße, Spalken oder Eingeschnittene. Kartoffeln mussten oftmals auch das Fleisch ersparen, das vor allem sonntags und feiertags auf den Tisch kam. Dann aber konnten die Vogtländer zeigen, dass sie auch einen deftigen Braten zuzubereiten wissen - am besten einen Sauerbraten.

SIEGESZUG DER „VOGTLÄNDISCHEN KNOLLE"

Der Kartoffelanbau erwies sich als Segen für die Bewohner der Gebirgsregion, wo Getreide schwer gedeiht. Kartoffeln waren auch für die kleinen Leute erschwinglich, gingen deshalb in deren Küche ein. „Erdäpfel" bildeten das eigentliche Grundelement ihrer Ernährung. Bis heute kommen im Vogtland Kartoffeln in vielerlei Gestalt zu fast jeder Mahlzeit auf den Tisch.

Vogtländische Speckpuffer (Foto)

**750 g Kartoffeln,
100 g durchwachsener Speck,
1 Zwiebel, Salz, 2 Eier,
Pflanzenfett zum Ausbacken,
1 Essl. Mehl.**

Die Kartoffeln schälen, reiben und leicht ausdrücken. Speck würfeln und in einer Pfanne auslassen. Zwiebel reiben. Alles in eine Schüssel geben und mit Salz, Eiern und Mehl verarbeiten. Fett erhitzen und handtellergroße knusprige Puffer backen. Als Beilage zu Fleischgerichten reichen.

Nackete Maadle

**1 kg gekochte Kartoffeln,
Mehl, Salz, Bratfett.**

Die gekochten Kartoffeln reiben, leicht salzen und soviel Mehl zugeben, dass sich flache Klöße formen lassen. In einer Pfanne backen. Mit Apfelmus servieren oder als Beilage zum Fleisch.

KARTOFFELBRIEF

Nach Sachsen gelangte die Kartoffel zunächst auf fürstlichem Wege: als ein Geschenk des Landgrafen Wilhelm IV. von Hessen an den sächsischen Kurfürsten Christian I. im Jahr 1591. Der Landgraf von Hessen pflegte bereits seit längerer Zeit eine botanische Korrespondenz mit den Albertinern.

Damit auch sie die Kartoffel bewundern könnten, schickte er Samen und Pflanzen nach Dresden. Im Begleitbrief an den Kurfürsten gab er auch Hinweise zur Zubereitung der Kartoffeln: Wenn sie gekocht würden, seien sie gar anmutig zu genießen.

**„Man muß sie aber erstlich im Wasser uffsieden laßenn,
so gehenn die oberste Schale ab.
Danach thutt mann die Brühe darvonn unndt
seidt sie in Butter vollendts gahr."**

Damit war das Wichtigste zur Kartoffel eigentlich schon gesagt.

Bauernfrühstück

**1 kg gekochte Kartoffeln,
2 Zwiebeln,
200 g gekochter Schinken,
Salz, Pfeffer, Thymian,
Bratfett, 8 Eier, Sahne.**

Die Kartoffeln in Scheiben schneiden, die Zwiebeln sowie den Schinken würfeln und alles vermengen. Gewürze und Kräuter zugeben. Fett erhitzen und die Kartoffelmasse darin braten, dabei öfters wenden. Die Eier (pro Portion 2 Eier) mit etwas Sahne verrühren und in einer beschichteten Pfanne backen. Wenn die Masse stockt, auf eine Pfannenhälfte jeweils einen Teil der Bratkartoffeln geben. Dann das Omelette auf einen Teller gleiten lassen und die andere Hälfte darüber klappen. Bauernfrühstück mit Tomaten und Gurkenscheiben garnieren.

Saure Kartoffelstückchen

Pellkartoffeln kochen, schälen und in Scheiben schneiden. Mehlschwitze herstellen, würzen und Kartoffelscheiben sowie die geschnittene Zwiebel zugeben. Mit 1 ½ Liter Wasser auffüllen und aufkochen. Saure Gurkenscheiben zugeben und durchziehen lassen. Mit gehackter Petersilie bestreuen und nach Belieben mit gebratener Wurst oder Pilzen reichen.

1 ½ kg Kartoffeln,
50 g Margarine, 50 g Mehl,
2 Essl. Salz, 4 Essl. Essig,
1 Zwiebel, 2 saure Gurken,
2 Essl. gehackte Petersilie.

Bambes 12 Stk

Die gewaschenen Kartoffeln schälen und reiben, die Kartoffelmasse ausdrücken und würzen. Das Mehl unterrühren. Fett erhitzen und die Kartoffelmasse esslöffelweise goldgelb backen. Mit Zucker, Apfelmus oder Heidelbeerkompott servieren.

1 kg Kartoffeln, ½ Teel. Salz,
1 Essl. Mehl, Bratfett.

Buttermilchgetzen

500 g Kartoffeln kochen, dann fein reiben. 1 ½ kg Kartoffeln schälen und ebenfalls fein reiben. Das austretende Wasser etwas abgießen, die Stärke auffangen und an die Getzenmasse zurückgeben. Gekochte und rohe Kartoffelmasse vermischen. Je nach Stärkegehalt der Kartoffeln etwas mehr oder weniger Buttermilch dazugießen, bis eine dickflüssige Kartoffelmasse entsteht. Leicht salzen und alles gut verrühren.
Den gewürfelten Speck in einer Pfanne auslassen, die Kartoffel-Buttermilch-Masse etwa 1 ½ cm dick darauf füllen und in der Röhre backen, bis der Getzen knusprig ist. Buttermilchgetzen in der Pfanne auftragen und bei Tisch verteilen.
Hinweis: Der Getzen kann auch mit Bratwurstscheiben, fein geriebener Zwiebel oder etwas gehacktem Kümmel zubereitet werden.

2 kg Kartoffeln,
½ Liter Buttermilch,
Salz, 125 g Speck.

Erdäpfelsupp *(Fotos)*

1 kg gekochte Kartoffeln,
1 Möhre, etwas Sellerie,
100 g Speck, 2 Zwiebeln,
2 Essl. Mehl, 1 Liter Brühe,
Salz, Pfeffer, Majoran,
400 g Blutwurst, Petersilie.

Möhre und Sellerie in kleine Stücke schneiden und mit Speck- und Zwiebelstücken anschwitzen. Mehl darüber stäuben, Brühe auffüllen und durchkochen. Die Kartoffeln durchpressen und in die Brühe geben. Nochmals durchkochen und mit Salz, Pfeffer und Majoran abschmecken. Blutwurstscheiben leicht anbraten und in die Kartoffelsuppe geben. Mit Petersilie bestreuen.

Erdäpfelsalat

1 kg Kartoffeln, 500 g Äpfel,
1 große Zwiebel,
Gewürzgurken, 3 Essl. Essig,
100 g Speckfett,
Salz, Pfeffer, etwas Zucker,
Selleriewasser, Petersilie.

Die Kartoffeln kochen, schälen und in feine Scheiben schneiden. Die geschälten Äpfel würfeln, die Zwiebel fein hacken, die Gurken klein schneiden. Essig, Speckfett, Salz, Pfeffer und Zucker erhitzen, aber nicht kochen. Äpfel, Zwiebel und Gurken untermischen. Kartoffelscheiben zugeben, alles vermengen, nach Bedarf etwas heißes Selleriewasser dazugeben, damit der Salat nicht zu trocken wird. Mit Petersilie garnieren und nach Belieben zu Bockwurst oder gebratener Wurst reichen.

Vogtländische Kartoffeleierkuchen

4 mehlige Kartoffeln,
3 Eier, ½ Liter Milch,
1 Prise Salz, 2 Essl. Zucker,
1 Päckchen Vanillezucker,
200 g Mehl, 500 g Pflaumen,
Öl, Zimtzucker.

Die Kartoffeln kochen, schälen und reiben. Eier, Milch Salz, Zucker und Vanillezucker verquirlen und zu den Kartoffeln geben. Das gesiebte Mehl allmählich einrühren, 15 Minuten quellen lassen. Inzwischen die Pflaumen waschen, entsteinen, vierteln und zum Teig geben. Öl erhitzen und Eierkuchen backen. Mit Zimtzucker bestreut servieren.

ERDÄPFELKUCHEN HILFT SPAREN

Der „Erdepfelkung" – Kartoffelkuchen – gilt heute als Spezialität der vogtländischen Küche. Dabei ist auch er dem sparsamen Wirtschaften im Vogtland entsprungen: Hier aß man die Kartoffel anfangs wie die Butter zum Brot, und so verwendete man sie eben auch zum Kuchenbacken. Das sparte andere Zutaten wie das teure Mehl. Was gut schmeckt, muss eben gar nicht teuer sein.

Kartoffelkuchen

300 g Kartoffeln, 400 g Mehl, 1 Würfel Hefe, 1 Ei, 1 Prise Salz, ⅛ Liter Milch, 100 g Zucker, 100 g Margarine, 100 g Rosinen, Butter, Zimt.

Die Kartoffeln schälen, kochen und noch warm durch die Kartoffelpresse drücken. Aus Mehl, Hefe, Ei, Salz, lauwarmer Milch, Zucker und Margarine einen Teig bereiten und 45 Minuten gehen lassen. Kartoffeln und Rosinen zugeben und gut einarbeiten. Teig auf einem Backblech ausrollen, Butterflöckchen darauf setzen und mit Zimt oder Zucker bestreuen. Kuchen bei Mittelhitze ca. eine halbe Stunde backen. Ofenfrisch servieren.

Spälkle

1 kg geschälte Kartoffeln, 50 g Bratfett, Salz, 1 Zwiebel.

Fett erhitzen, dünne Kartoffelscheiben zugeben, salzen und braten, dabei öfters wenden. Klein geschnittene Zwiebeln zugeben und so lange braten, bis die Zwiebeln glasig sind.

Gefüllte Kartoffeln

4 große Kartoffeln, Salz, 2 Salzheringe, 1 Zwiebel, weißer Pfeffer, Zucker, Essig, 40 g Butter, 100 g Crème fraîche, 1 Bund Schnittlauch.

Die Kartoffeln schälen und in Salzwasser fast gar kochen. Wasser abgießen, die Kartoffeln etwas abkühlen lassen, dann halbieren und aushöhlen. Die gewässerten und geputzten Salzheringe in Würfel schneiden und mit dünnen Zwiebelscheiben vermischen. Mit Pfeffer, Zucker und etwas Essig abschmecken, kalt stellen. Die Kartoffeln mit der Öffnung nach unten in eine feuerfeste Form legen, die Butter in Flöckchen darauf setzen und in der Röhre leicht bräunen lassen. Herausnehmen und mit den Salzheringswürfeln füllen. Auf eine Platte setzen, auf jede Kartoffel etwas Crème fraîche geben und mit zerkleinertem Schnittlauch bestreuen.

Schwammetopf *(Foto)*

Die zerkleinerten Pilze in Margarine zusammen mit Zwiebelwürfeln, Salz und Kümmel dünsten. Die gekochten Kartoffeln in Scheiben schneiden. In eine Pfanne schichtweise Kartoffelscheiben und gedünstete Pilze geben. Mit einer Schicht Kartoffeln abschließen. Eier mit Sahne verrühren und darüber gießen. Schwammetopf bei ca. 180 °C 15 Minuten in der Röhre garen. Das fertige Gericht mit Petersilie bestreuen.

750 g gekochte Kartoffeln,
750 g Pilze, 50 g Zwiebeln,
50 g Margarine,
Salz, Kümmel,
2 Eier, ¼ Liter Sahne,
Petersilie.

ER MUSS IN DER SCHÜSSEL ZITTERN!

Von der Kartoffel zum Kloß ist es kein weiter Weg. Wen wundert es also, dass die vogtländische Küche eine reiche Kloß-Kultur besitzt und die Vogtländer Meister in der Zubereitung von Klößen sind? Grüne Klöße, die „Grügenifften" oder „Griegenifften", gelten als das Nationalgericht des Vogtlandes, aber es kommen noch viele andere Kloß-Varianten auf den Tisch. Zwar beanspruchen auch die Thüringer die „Erfindung" des Kloßes für sich, doch die Vogtländer können auf den früheren Kartoffelanbau verweisen.

Griene Kließ (Grüne Klöße)

1 ½ kg rohe Kartoffeln, 600 g gekochte Kartoffeln, 200 g geröstete Weißbrotwürfel, Salz.

Die rohen Kartoffeln schälen und fein reiben. Im Kloßsack auspressen, dabei das Wasser auffangen. Die gekochten Kartoffeln ebenfalls fein reiben. Die rohe Kartoffelmasse mit den gekochten geriebenen Kartoffeln vermischen, mit Salz würzen. Die beim Auspressen der rohen Kartoffeln entstandene Kartoffelstärke zugeben. Alles mit etwas kochendem Wasser überbrühen und zu einer geschmeidigen Kloßmasse verarbeiten. Mit feuchten Händen Klöße formen, dabei jeweils in die Mitte geröstete Weißbrotwürfel geben. In einem möglichst breiten Topf in Salzwasser 15 bis 20 Minuten garen.

Bröckelkließ

30 g Speck, 1 kg gekochte Kartoffeln, etwas Bratfett, Pfeffer, Salz.

Den gewürfelten Speck auslassen, das Fett erhitzen. Die gekochten Kartoffeln reiben, würzen und in die Pfanne geben. Beidseitig goldgelb braten. Dazu können Spiegeleier oder frische Wurst gereicht werden.

Gebratene seidene Kließ mit Ei

Die Klöße in etwa 1 cm dicke Scheiben schneiden. Beidseitig leicht salzen und pfeffern und mit etwas Muskat bestäuben. Die Scheiben in Mehl wenden und in einer Öl-Margarine-Mischung anbraten. Dann je Portion ein Ei über die Kloßscheiben geben und stocken lassen. Leicht salzen und mit Schnittlauch bestreuen. Als Beilage zu heißer Wurst und Salat reichen.

Hinweis: Grüne Klöße vom Vortag können auf gleiche Art zubereitet werden. Statt Ei sind auch gebratene Zwiebelringe möglich.

Seidene Klöße vom Vortag,
4 bis 6 Eier,
2 Essl. Mehl,
2 Essl. Öl,
2 Essl. Margarine,
Salz, Muskat, Pfeffer,
Schnittlauch.

Apfelkließ

Aus Mehl, Eiern und Milch mit ein wenig Salz einen Teig rühren. Kleine Würfel geschälter Äpfel zugeben sowie eine Spur Zimt. Kurze Zeit ziehen lassen. In einem größeren flachen Topf Salzwasser aufkochen. Mit einem feuchten Löffel Klöße abstechen und 15 Minuten im Wasser gar ziehen lassen (aber nicht kochen). Herausnehmen, abtropfen lassen, mit leicht gebräunter Butter übergießen und mit Zucker und Zimt bestreuen.

500 g Mehl, 3 Eier,
¼ Liter Milch,
500 g Äpfel, 100 g Butter,
Salz, Zucker, Zimt.

Mehlkließ

**1 kg gekochte Kartoffeln,
100 g Stärkemehl,
100 g Mehl, 1 Ei,
Muskat, Salz, Bratfett,
geröstete Semmelwürfel
von 2 Brötchen.**

Die gekochten Kartoffeln fein reiben. Das Mehl, 80 g Stärkemehl und das Ei zugeben, einen Teig kneten, mit Salz und Muskat abschmecken. Aus der Teigmasse eine Rolle formen. Stücke abschneiden und mit gerösteten Semmelwürfeln zu Klößen formen. Die Klöße im restlichen Stärkemehl wenden und in Salzwasser ca. 5 Minuten kochen, dann noch etwa 10 Minuten ziehen lassen.

Seidene Kließ

**1 ½ kg Pellkartoffeln
vom Vortag, Salz,
375 g Kartoffelmehl,
geröstete Semmelwürfel
von 4 Brötchen.**

Die Pellkartoffeln schälen und fein reiben. Mit Salz abschmecken und Kartoffelmehl zugeben. Die Masse mit ⅜ Liter heißem Wasser überbrühen und einen geschmeidigen Kloßteig kneten. Mit bemehlten Händen Klöße formen, dabei jeweils in die Mitte geröstete Semmelwürfel geben. Klöße in reichlich kochendes Salzwasser geben, bis sie zur Oberfläche aufsteigen. Dann noch 15 Minuten gar ziehen lassen.

Vogtländisches Bauernhaus um 1900

KLOSSGRENZE

*So sehr sich alle Klöße auch ähneln, so unterscheidet sich der echte vogtländische Kloß in der Zubereitung durchaus vom original Thüringer Kloß. Auch wenn Grenzen fließend sind - Kenner sprechen von einer „Kloßgrenze", einer Art Gaumenscheide zwischen den berühmten Kloß-Arten.
Diese Kloßgrenze soll zwischen Greiz und Elsterberg verlaufen, also ziemlich exakt entlang der sächsisch-thüringischen Grenze. Offenbar wissen die Klöße demnach genau, wo sie hingehören.*

Wickelkließ

Einen Tag zuvor die Kartoffeln mit Schale in Salzwasser kochen. Kartoffeln schälen und reiben. Gewürze, Ei sowie die reichliche Hälfte des Mehles zugeben, alles zu einem Teig kneten. Teig in drei Teile teilen und einzeln ausrollen. Das Semmelmehl in Butter anrösten und auf den Teig streuen. Die Teigfladen in Viertel schneiden, diese zusammenrollen und die Enden fest zusammendrücken. Die Wickelklöße in Salzwasser etwa 15 Minuten gar ziehen lassen. Hinweis: Wickelklöße schmecken besonders gut zu Schweinebraten.

**1 kg Kartoffeln,
1 bis 2 Teel. Salz,
1 Prise Muskat, 1 Ei,
250 g Mehl,
200 g Semmelmehl,
50 g Butter.**

Semmelkließ

Die Brötchen in Scheiben schneiden, mit heißer Milch übergießen und 20 Minuten weichen lassen. Die Margarine erhitzen, Zwiebelwürfel zugeben und dünsten. Zu den eingeweichten Brötchenscheiben die Eier sowie die angedünsteten Zwiebelwürfel geben. Alles kneten, Masse mit Pfeffer, Muskat und Salz abschmecken. Mit feuchten Händen Klöße formen und in 2 Liter kochendes Wasser, dem 1 Teel. Salz zugesetzt ist, geben. Klöße 15 bis 20 Minuten gar ziehen lassen. Herausnehmen und heiß servieren.

**8 altbackene Brötchen,
⅜ Liter Milch,
20 g Margarine,
1 Zwiebel, 2 Eier,
Pfeffer, Muskat, Salz.**

Hefekließ

Die Hefe in etwas lauwarmer Milch mit 1 Teel. Zucker verrühren und etwa 10 Minuten zugedeckt an einem warmen Ort gehen lassen. Das Mehl in eine Schüssel sieben, Zucker und Salz auf den Mehlrand geben. Hefemilch und Eier in die Mitte der Schüssel geben, dann die Zutaten von der Mitte her vorsichtig verkneten. Die restliche Milch und die Margarine in Flöckchen zugeben. Teig kräftig durchkneten und nochmals gehen lassen. Dann Klöße formen, nochmals gehen lassen. Die Klöße 15 Minuten zugedeckt in einer Schüssel über kochendem Wasser dämpfen. Mit Heidelbeer- oder Pflaumenkompott servieren. Wer es lieber deftig mag, reicht die Hefeklöße zu Gulasch oder Sauerbraten.

**30 g Hefe, ¼ Liter Milch,
50 g Zucker, 500 g Mehl,
Salz, 1 bis 2 Eier,
80 g Margarine.**

SONNTAGS GIBT'S „SAUERBROTEN"

Fleisch war in der älteren vogtländischen Küche eine Sonntags-
speise oder dem Festtagsschmaus vorbehalten. Der Sauerbraten
nahm dabei eine Vorzugsstellung ein - neben anderen leckeren
Fleischgerichten. Wie wichtig den Vogtländern auch heute ihr
Sauerbraten ist, erkennt man am inzwischen jährlich stattfinden-
den Sauerbraten-Test mit Sauerbratenkirmes. Der „Sauerbroten"
ist längst zum Kultgericht geworden. Profiköche aus dem Vogt-
land, aus Thüringen, Bayern, Berlin und dem Rheinland wettei-
fern nun alljährlich um den Titel „Sauerbraten-Champion".

Sauerbroten – Sauerbraten (Foto)

1 kg Rinderschmorbraten,
¼ Liter Essig,
3 große Zwiebeln,
Salz, Nelken, Pfeffer, Lorbeer,
100 g Margarine,
100 g Möhren, Sellerie,
Petersilie, Tomatenmark,
Reibekuchen.

Ein bis zwei Liter Wasser mit dem Essig, den Zwiebeln und den Gewürzen zu einer Brühe aufkochen, dann abkühlen lassen. Das Rinderschmorfleisch etwa zwei Tage in diesen Sud einlegen. Das gebeizte Fleisch herausnehmen, abtropfen lassen, dann in der erhitzten Margarine scharf anbraten. Gemüse, Tomatenmark und Beize auffüllen und alles gar schmoren. Fleisch herausnehmen. Sud mit dem Reibekuchen binden, abschmecken und passieren. Die dunkle Soße über das Fleisch gießen und mit Klößen servieren.

SÄCHSISCHE TIROLER

Julius Mosen, der 1803 in Marieney geborene Dichter, nannte seine Landsleute „die sächsischen Tiroler, nur genügsamer, nur regsamer, nur hartnäckiger in Verfolgung ihres Zieles". In den „Erinnerungen" hat er seiner vogtländischen Heimat ein Denkmal gesetzt. Darin berichtet er auch über Kirmesschmäuse: „Wer nicht so glücklich gewesen ist, zu jener Zeit ein Kirchweihfest in der Marieneyer Pfarre mitzufeiern, der weiß auch nicht, wie fein eine Hühnerpastete zubereitet sein kann, nicht, wie ein Kapaun gebraten sein soll, und hat vielleicht auch noch keinen Streuselkuchen gegessen, der von selbst auf der Zunge sich zerkrümelt."

Schöpsenflaasch (Schöpsenbraten)

**700 g Schöpsenbraten,
1 Teel. Salz,
½ Knoblauchzehe,
30 g Fett, 1 Teel. Kümmel,
1 Zwiebel,
1 ½ Essl. Mehl, Bratfett.**

Das Fleisch waschen, salzen und mit Knoblauch einreiben. Von allen Seiten in dem heißen Fett anbraten. Die Gewürze zugeben und mitschmoren lassen, bis die Zwiebeln hellbraun werden. Etwa ¼ Liter Wasser zugießen und den Braten zugedeckt 1 ½ Stunden weiter schmoren lassen. Den garen Braten herausnehmen, Soße mit Mehl binden und etwa 15 Minuten köcheln lassen. Zum Schöpsenbraten Bambes oder Klöße reichen.

Schwindelbroten

**750 g Schweinekamm,
¼ Liter Essig, ¼ Liter Rotwein,
je 1 Zwiebel, Möhre und Sellerieknolle,
Zitronenschale, 2 Lorbeerblätter,
je 1 Essl. Senfkörner,
gestoßene Wacholderbeeren,
gestoßene Nelken, Pfeffer und Salz,
2 Fichtenzweige, Bratfett,
2 Essl. Preiselbeeren,
etwas Schlagsahne.**

Den Schweinekamm drei bis vier Tage in einer Marinade aus ½ Liter Wasser mit Essig, Rotwein, Gemüse, Fichtenzweigen und den Gewürzen einlegen. Fleisch herausnehmen, abtropfen lassen, mit Salz und Pfeffer würzen und von allen Seiten kräftig anbraten. Den Bratensatz mit einem Teil der Marinade auffüllen und den Braten gar schmoren. Das weiche Fleisch herausnehmen und die Soße herstellen, bei Bedarf etwas andicken und mit Rotwein verfeinern. Den Schwindelbraten mit den Preiselbeeren und etwas Schlagsahne anrichten. Dazu Salzkartoffeln und Pilze reichen.

Vogtländischer Gulasch

Das Fleisch würfeln und in heißem Schmalz anbraten. Zwiebelwürfel, Möhrenscheiben und Tomatenmark zugeben. Alles würzen. Das Mehl überstäuben und bräunen lassen. Etwa ⅛ Liter heißes Wasser zugeben und Gulasch schmoren lassen. Von Zeit zu Zeit etwas Flüssigkeit nachgießen. Geputzte, zerkleinerte Pilze zugeben, nochmals etwas Wasser aufgießen und den Gulasch fertig schmoren lassen. Abschließend das Gericht abschmecken. Zum Gulasch Kartoffelbrei oder Mehlklöße reichen.

250 g Rindfleisch,
250 g Schweinefleisch,
50 g Schmalz,
3 Zwiebeln, 1 Möhre,
1 Essl. Tomatenmark,
Salz, Paprika, Kümmel,
3 Essl. Mehl,
200 g frische Waldpilze.

Wernesgrüner Gulasch

Die in Scheiben geschnittenen Zwiebeln in heißem Fett glasig dünsten. Die Fleischwürfel in Mehl wälzen und in heißem Öl kräftig anbraten. Zwiebeln, Salz, Pfeffer, Zitronenschale und Bier zugeben. Gulasch zugedeckt gar schmoren. Das Stärkemehl in der Sahne verrühren und damit das Gericht binden. Zum Wernesgrüner Gulasch Klöße oder Salzkartoffeln reichen.

400 g Zwiebeln, Bratfett, Mehl,
500 g Rindsgulaschfleisch, 2 Essl. Öl,
Salz, Pfeffer, etwas Zitronenschale,
½ Flasche helles Bier, ⅛ Liter Sahne,
2 Teel. Stärkemehl.

Wernesgrüner Brauerimbiss

Das Öl erhitzen und die in Scheiben geschnittene Zwiebel darin anschwitzen. Den geputzten und in nicht zu dicke Scheiben geschnittenen Sellerie und den grob zerkleinerten Weißkohl zugeben. Zugedeckt kurze Zeit im eigenen Saft dünsten lassen. Mit Salz, Zucker, Pfeffer und Essig abschmecken. Vom Feuer nehmen und zugedeckt durchziehen lassen. Dann die in dünne Scheiben geschnittenen Äpfel und die gehackte Petersilie untermischen. Das Rauchfleisch nicht zu weich kochen, leicht abkühlen und würfeln. Unter den Salat mischen, erkalten lassen und in einer Schüssel mit Apfelspalten garniert servieren. Dazu Schwarzbrot reichen.

3 Äpfel, 1 Zwiebel,
1 kleine Sellerieknolle,
¼ Weißkohl,
500 g Rauchfleisch
oder Kassler, 3 Essl. Öl,
Salz, Zucker, Pfeffer,
Essig, Petersilie.

WENN DE KIRWE KIMMT HERAH...

Alte Reiseführer beschreiben die Vogtländer als fleißig und genügsam, aber auch gern zum ausgiebigen Feiern aufgelegt, besonders zur Kirmes. Die dauerte meist von Sonntag bis Dienstag, es wurde viel gesungen und ebenso viel getanzt, vor allem aber kräftig gegessen: „Wenn de Kirwe kimmt herah, gett dös gute Esse ah." Da im Vogtland der Reichtum nicht gerade zu Hause war, musste nach dem Feiern dann wieder gespart werden: „Wenn de Kirwe ist vorbei, essen mer wieder Wasserbrei."

Vogtländischer Kaninchentopf (Foto)

1 Kaninchen, 100 g magerer Speck oder roher Schinken, 3 Essl. Butter, 3 Zwiebeln, 1 Möhre, 1 Stange Porree, ¼ Knolle Sellerie, 2 Essl. Mehl, 1 Flasche Braunbier, 1 bis 2 Essl. Essig, ¼ Soßenlebkuchen, Petersilie, Salz, Pfeffer, Zucker.

Das vorbereitete Kaninchen in Portionsstücke von 100 bis 120 g teilen. Mit Salz und Pfeffer einreiben und mit dem Speck in etwas Butter von allen Seiten gut anbraten. Herausnehmen und zugedeckt warm stellen. Im Bratfett mit den Speckwürfeln die in Scheiben geschnittenen Zwiebeln und das in Streifen geschnittene Gemüse anrösten. Die Fleischstücke wieder dazugeben und mit etwas Wasser ablöschen. Bei milder Hitze zugedeckt dünsten lassen. 1 Essl. Zucker in 2 Essl. Butter bräunen, Mehl zugeben und ebenfalls braun werden lassen.

Die Schwitze mit Braunbier auffüllen, mit Essig, Salz und Pfeffer abschmecken. Soße über den Fleisch-Gemüse-Ansatz gießen. Gericht noch etwa 40 Minuten zugedeckt bei milder Hitze in der Röhre garen lassen. Dann die Soße mit geriebenem Soßenlebkuchen binden. Mit reichlich gehackter Petersilie bestreuen. Dazu Klöße und Krautsalat.

Gänsebauch mit Apfelringen

1 Gänsebauch, Salz, Pfeffer, 5 Äpfel, 3 Zweige Beifuß, 1 Zwiebel, 1 Essl. Stärkemehl, 50 g Meerrettich, etwas Butter, Zitronensaft.

Den Gänsebauch waschen, trockentupfen, salzen und pfeffern. Mit einem geschnittenen Apfel, dem Beifuß und der Zwiebel füllen. Öffnung zunähen und den Gänsebauch in eine Bratpfanne legen. Etwa 1 ½ Stunden braten, dabei öfters Fett abschöpfen. Soße mit Stärkemehl leicht andicken. Zwei Äpfel in Ringe schneiden und in Butter schwenken. Zwei Äpfel reiben, mit Meerrettich vermischen und mit Zitronensaft abschmecken. Die Apfelringe mit dem Apfelmeerrettich füllen und den Gänsebauch damit garnieren. Dazu Klöße und Rotkohl.

Vogtländische Kümmel-Koteletts *(Foto)*

4 bis 6 Schweinekoteletts zu je 125 g, 2 Essl. Schmalz, 3 Zwiebeln, 2 Essl. Mehl, ½ Liter Brühe, ¼ Liter saure Sahne, 1 Essl. gehackter Kümmel, 1 Essl. Senf, Knoblauch, Pfeffer.

Die Koteletts mit Salz und Pfeffer würzen und in Mehl wenden. Beidseitig in heißem Schmalz braun braten und zunächst warm stellen. Im Bratfett den gehackten Kümmel anschwitzen, die in Scheiben geschnittenen Zwiebeln und 2 bis 3 klein geschnittene Knoblauchzehen zugeben.

Die angebratenen Koteletts darauf legen, Brühe auffüllen und zugedeckt etwa 30 Minuten bei mittlerer Hitze in der Röhre garen lassen, dabei ab und zu etwas Wasser oder Brühe nachgießen. Das Mehl mit saurer Sahne und Senf verquirlen und die Soße damit binden. Zum Kümmelfleisch Klöße und frischen Salat reichen.

Vogtländischer Ochsenbraten

1 kg Ochsenhüftstück, Salz, schwarzer Pfeffer, 50 g Kokosfett, 50 g Butter, 1 Zwiebel, ¼ Liter Rotwein, ¼ Liter Fleischbrühe, 1 Bund Suppengrün, 2 Tomaten, 1 Lorbeerblatt, 3 Essl. Mehl, 2 Essl. saure Sahne.

Zum Spicken:

100 g Speck, Salz, weißer Pfeffer, je 1 Prise geriebene Muskatnuss und Piment, 2 Essl. gehackte Petersilie.

Den Speck in 1 cm dicke Streifen schneiden und in einer Mischung aus Salz, Pfeffer, Muskat, Piment und Petersilie wenden. Ca. 30 Minuten ins Eisfach des Kühlschrankes stellen. Das Ochsenfleisch waschen und trocknen, mit Salz und Pfeffer einreiben. Mit den Speckstreifen spicken. Kokosfett erhitzen, Fleisch darin von allen Seiten anbraten. Fett abgießen, Butter zugeben. Die in Scheiben geschnittene Zwiebel und das klein geschnittene Suppengrün anrösten. Mit Rotwein und einem Teil der Fleischbrühe ablöschen. Die Tomaten halbieren und mit dem Lorbeerblatt zum Braten geben. Alles ca. 90 Minuten schmoren, dabei den Braten nach und nach mit der restlichen Fleischbrühe begießen. Fleisch herausnehmen und auf einer Platte warm stellen.

Bratenfond durch ein Sieb gießen, nochmals erhitzen. Mehl in kaltem Wasser anrühren und Fond damit binden. Ca. 7 Minuten kochen lassen. Saure Sahne einrühren. Soße abschmecken. Fleisch in Scheiben schneiden und mit etwas Soße überziehen. Dazu Klöße reichen.

FÜR ALLE TAGE: SPALKEN

Eintöpfe mit Kartoffelstückchen, den sogenannten Spalken, gibt es im Vogtland in großer Vielfalt. Spalken sind eben für alle Tage gut. Grundlage ist stets eine Fleischbrühe. Darin werden die geschnittenen Kartoffeln gekocht sowie das jeweilige Gemüse, das dem Gericht dann den Namen gibt. Dem Einfallsreichtum in der Zubereitung von Spalken sind kaum Grenzen gesetzt. Ganz oben auf der Beliebtheitsskala aber behaupten sich nach wie vor die „Schwammespalken". Und eine Änderung ist vorerst nicht abzusehen.

Mehrnspalken – Möhreneintopf *(Foto)*

2 Rindsknochen, 400 g Rindfleisch, 1 Essl. Salz, 1 Zwiebel, Lorbeerblatt, 8 Möhren, 1 kg Kartoffeln, Kümmel, Majoran, 50 g Margarine, 50 g Mehl, gehackte Petersilie.

Die Rindsknochen in kaltem Wasser ansetzen. Sobald die Brühe kocht, Fleisch und Gewürze zugeben, dann ca. 1 ½ bis 2 Stunden kochen lassen. In der Zwischenzeit die geschälten Kartoffeln und Möhren würfeln und ca. 15 Minuten in Salzwasser kochen. Die Fleischbrühe durch ein Sieb zu den Möhren geben, dann das gekochte, gewürfelte Fleisch. Abschließend alles weich kochen. Eine Mehlschwitze bereiten und den Eintopf andicken. Mit Petersilie bestreut servieren.

Majoranspalken

300 g Lammfleisch, Wurzelwerk (1 Möhre, Sellerie, Porree, 1 Zwiebel), 2 Suppenknochen, 2 Essl. Salz, 1 ½ kg Kartoffeln, 1 Zwiebel, 1 Essl. Majoran.

Fleisch, Wurzelwerk und Knochen mit Salz in 1 ½ Liter Wasser ansetzen und etwa 2 Stunden kochen lassen. Die geschälten Kartoffeln würfeln, die Zwiebel klein schneiden. Kartoffeln und Zwiebeln dem durchgeseihten Sud zugeben und gar kochen. Das Fleisch klein schneiden und wieder zugeben. Den Eintopf mit Majoran abschmecken.

SCHWARZE KÜCHE

In den vogtländischen Bauernhäusern mit Umgebinden und Fachwerken war die Küche mit Feuerstelle und Backofen der wichtigste Raum. Ein Fenster gab es hier nicht, der Rauch färbte die Küche mit der Zeit schwarz. Man nannte sie deshalb die „schwarze Küche" oder auch „Rußküche". Besichtigen kann man eine solche altertümliche Küche im Bauernmuseum Landwüst.

Schwammespalken (Pilzeintopf)

1 kg frische Mischpilze, 2 Zwiebeln, 125 g Speck, 2 Essl. Sonnenblumenöl, Salz, schwarzer Pfeffer, ½ Teel. Thymian, ½ Teel. gemahlener Kümmel, 1 Liter Fleischbrühe, 1 Essl. Mehl, 500 g Kartoffeln, 2 Essl. Weinessig, 1 Essl. Zucker, 2 Essl. gehackte Petersilie.

Die geputzten und gewaschenen Pilze klein schneiden. Die geschälten Zwiebeln fein hacken. Den Speck würfeln. Öl und Speckwürfel in einem Suppentopf erhitzen, Pilze und Zwiebeln zugeben und andünsten. Gewürze zufügen und Mehl darüber stäuben. Heiße Fleischbrühe angießen. Bei milder Hitze 30 Minuten garen.
Die geschälten Kartoffeln würfeln und zur Suppe geben. Nochmals 25 Minuten garen. Mit Weinessig und Zucker süßsauer abschmecken. Mit Petersilie bestreut servieren.

Frühlingsspalken

500 g Kartoffeln, 2 Zwiebeln, 50 g Butterschmalz, ¾ Liter Fleischbrühe, Salz, schwarzer Pfeffer, 150 g Speck, 300 g Porree, ⅛ Liter süße Sahne, 2 Essl. gehackte Kräuter.

Die geschälten Kartoffeln und Zwiebeln würfeln und in erhitztem Butterschmalz andünsten, 5 Minuten schmoren lassen. ½ Liter Fleischbrühe angießen, mit Salz und Pfeffer würzen. Alles zum Kochen bringen und 15 Minuten köcheln lassen. Den geputzten Porree in Scheiben schneiden, in einem zweiten Topf mit der restlichen Brühe erhitzen und 10 Minuten dünsten. Dann das Porreegemüse zum Eintopf geben. Sahne einrühren, mit Salz und Pfeffer abschmecken. Den Speck würfeln, knusprig braten und zur Suppe geben. Ebenso die Kräuter.

Saure Spalken mit Fleck

Die Flecke gründlich reinigen und zusammen mit den Gewürzen in 1 ½ Liter kaltem Wasser ansetzen. Ca. 3 bis 4 Stunden kochen, dann die Flecke würfeln. Die geschälten Kartoffeln würfeln und in der Brühe kochen, bis sie weich sind. Die gewürfelten Flecke wieder zugeben. Aus Margarine und Mehl eine Mehlschwitze herstellen, das Gericht damit binden. Mit Essig und Zucker süßsauer abschmecken.

500 g Flecke (Magen, Lunge, Herz),
1 Essl. Salz, 1 Zwiebel,
15 Pfefferkörner, 1 Lorbeerblatt,
Pfeffer, 400 g Kartoffeln,
50 g Margarine, 50 g Mehl,
2 bis 3 Essl. Essig, Zucker.

Linsen mit Spalken

Die Linsen über Nacht in 1 Liter kaltem Wasser einweichen. Am Kochtag die geschälten Zwiebeln würfeln und in erhitztem Butterschmalz glasig werden lassen. Die geputzten Möhren klein schneiden und zu den Zwiebeln geben. Linsen mit dem Einweichwasser zugießen. Lorbeerblatt, Nelken, Thymianzweig zugeben, salzen, pfeffern und alles zugedeckt 45 Minuten garen. Die geschälten Kartoffeln würfeln und zu den Linsen geben. Weitere 25 Minuten garen. Schinken würfeln und zusammen mit Tomatenmark, Essig und Zucker zugeben. Den Eintopf süßsauer abschmecken.

400 g Linsen, 2 Zwiebeln,
1 Essl. Butterschmalz, 2 Möhren,
1 Lorbeerblatt, 2 Nelken, Salz,
1 Zweig Thymian, schwarzer
Pfeffer, 750 g Kartoffeln,
300 g gekochter Schinken,
1 Essl. Tomatenmark,
2 Essl. Essig, 1 Teel. Zucker.

Kohltopf mit Spalken

Das Lammfleisch würfeln, die geschälten Zwiebeln hacken. Beides in dem erhitzten Öl anbraten. Salz, Pfeffer, Lorbeerblätter und Kümmel zugeben, Brühe angießen. Zugedeckt eine halbe Stunde bei Mittelhitze kochen. Inzwischen den Weißkohl vierteln und in Streifen schneiden. Die Möhren in Scheiben schneiden, die Kartoffeln in kleine Stücke. Kohl, Möhren und Kartoffeln zum Fleisch geben und noch 25 Minuten garen. Zum Schluss abschmecken und heiß servieren.

500 g Lammfleisch, 1 Zwiebel,
2 Essl. Öl, Salz, schwarzer Pfeffer,
2 Lorbeerblätter, 1 Teel. Kümmel,
½ Liter Fleischbrühe,
1 kg Weißkohl,
2 Möhren, 500 g Kartoffeln.

DER MOOSMANN WÄRMT AUF

Die Winter im Vogtland sind lang und kalt, da braucht man etwas zum Aufwärmen: Warmbier zum Beispiel, zubereitet mit „Vogtlandbier" - Wernesgrüner Bier natürlich. Auch Glühwein wärmt auf und die beliebten Liköre. Die Zutaten dafür gibt es gleich vor der Haustür: Hagebutten, Holunder, Brombeeren, Schwarzbeeren, Tannenspitzen ... Der Moosmann, nach dem ein in Schöneck hergestellter Likör benannt ist, wacht über alles. Schließlich ist er als Hüter des Waldes noch immer der berühmteste Vogtländer.

Tannenspitzenlikör *(Foto)*

3 frische ausgetriebene Tannenspitzen, 160 g weißer Kandis, 1 Flasche Gin.

Die hellgrünen Tannenspitzen gründlich waschen und in eine Flasche geben. Kandis und Gin zufügen. Die Flasche gut verschließen, den Likör zwei bis drei Monate ziehen lassen. Vor dem Verzehr den Likör filtern.

Brombeerwässerchen *(Foto)*

500 g reife Brombeeren, je 1 Essl. Heidelbeeren und Himbeeren, ½ Liter Wodka, 300 g Puderzucker, 2 Essl. Weinbrand.

Die Beeren mit der Gabel zerdrücken und 3 Tage angären lassen. Den Saft abpressen und 200 ml Wodka zufügen. Flüssigkeit 3 Tage an einem kühlen Ort klären lassen. Dann den klaren Saft mit einem Schlauch abziehen. Die Obstrückstände auspressen, mit dem restlichen Wodka auffüllen und drei Tage ziehen lassen. Erneut pressen. Die beiden Rohliköre vermischen, Zucker zugeben und filtern. Zum Schluss mit Weinbrand abschmecken und in Flaschen füllen.

UNZERTRENNLICH

Schwarzer Holunder und Haselnuss gehören zu den ältesten Gehölzen in vogtländischen Hausgärten. Die Bewohner schätzten aber nicht nur die essbaren Blüten und Früchte, sie schrieben den Sträuchern auch Wunder zu. So glaubten sie, dass im Holunder – dem Hollerbusch – gute Geister und Glücksbringer wohnen. Die Hasel hingegen sollte das Haus vor Blitzschlag bewahren und aus ihren Zweigen wurden außerdem Wünschelruten gefertigt. Was sonst noch in einem bäuerlichen Hausgarten herangezogen wurde, kann man im Freilichtmuseum Eubabrunn besichtigen.

Haselnusslikör

500 g Haselnüsse,
¼ Liter Weingeist,
500 g Zucker, Rum.

Die Haselnüsse grob hacken und kurz anrösten. Mit dem Weingeist sowie ¼ Liter Wasser übergießen. In einem verschlossenen Einmachglas zwei Wochen an einem warmen Ort ziehen lassen. Aus Zucker und ¼ Liter Wasser eine Zuckerlösung herstellen. Den Haselnussextrakt filtern und mit der Zuckerlösung mischen. Mit Rum abschmecken und mit Wasser auf 1 Liter auffüllen. In Flaschen füllen.

Holunderpunsch

1 Liter Holundersaft,
½ Liter Apfelsaft, 125 g Zucker,
Saft von 1 Zitrone.

Holunder- und Apfelsaft mit dem Zucker zum Kochen bringen. Vom Herd nehmen und den Zitronensaft zufügen. Holunderpunsch kann sowohl heiß als auch kalt getrunken werden.

Johannisbeerlikör

1 kg schwarze Johannisbeeren,
2 bis 4 Nelken, 350 g Zucker,
1 Liter Korn oder Wodka.

Die vorbereiteten Johannisbeeren zerdrücken, Nelken und Korn zugeben. 6 bis 8 Wochen angären. Dann filtern, den Rückstand auspressen, Zucker zugeben. In Flaschen füllen. Schmeckt mit der Zeit immer besser.

Hagebuttenlikör

Die Hagebutten waschen und abtropfen lassen, dann halbieren. In ein Einmachglas geben und mit Wodka übergießen. Das verschlossene Glas zwei Wochen an einen warmen, sonnigen Platz stellen. Aus dem Zucker und ⅛ Liter Wasser eine Zuckerlösung herstellen. Den Hagebuttenansatz filtern, die Zuckerlösung zugeben. In Flaschen füllen und nach zwei Wochen kosten.

**500 g Hagebutten,
½ Liter Wodka,
250 g Zucker.**

Warmbier

Die Hälfte der Milch zum Kochen bringen. Das Bier, die restliche Milch das Mehl und die Gewürze verquirlen und in die kochende Milch gießen. Unter häufigem Rühren langsam ausquellen lassen, aber nicht mehr kochen. Zum Schluss die Flüssigkeit mit den Eigelben abziehen.

**Je 500 ml Milch und Bier,
5 Essl. Mehl, 2 Essl. Zucker,
je ½Teel. Zimt, Nelken und Ingwer
(jeweils gemahlen), 3 Eigelb.**

Bierlikör

Bier, Zucker und Vanilleschote 5 Minuten auf kleiner Flamme kochen lassen. Vom Feuer nehmen und den Weinbrand zugießen. Likör in gut verkorkten Flaschen mindestens 4 Wochen lagern.

**2 Flaschen Bockbier,
300 g Zucker, 1 Stück Vanilleschote,
¾ Liter Weinbrand.**

Glühwein

Die Gewürze in ¼ Liter Wasser zugedeckt kurz aufkochen, anschließend durch ein Sieb gießen. Den Wein zugeben und alles erhitzen, aber nicht kochen.

**1 ½ Stange Zimtrinde, 6 Nelken,
geriebene Zitronenschale,
80 g Zucker, 1 Flasche Rotwein.**

Erzgebirge

Not machte erfinderisch. Gerade aus den Küchen der erzgebirgischen Bergleute, Holzfäller und Spielzeugmacher stammen besonders einfallsreiche Rezepte. Fisch, Wild, Pilze und Beeren spielen dabei eine große Rolle.

Aus den Küchen der Bergleute, Holzfäller und Spielzeugmacher

Das raue Klima mit langen Wintern und die steinigen Gebirgsböden bestimmten die Ernährung der Menschen im Erzgebirge. Kamen vor Zeiten vor allem Sauerkraut, Graupen, Erbsen, Klöße, Grütze, Linsen und dazu etwas Fleisch auf den Tisch, veränderte die Einführung der Kartoffel die Essgewohnheiten: Die „Aardäppel" wurden zum Hauptgericht der Erzgebirger. Unzählige Varianten von Kartoffelgerichten entstanden und werden noch heute zubereitet: Rauchemad und Ardäppelkuchn, Ardäppelkließ und Zudelsupp ... Ähnlichkeiten mit vogtländischen Kartoffelgerichten sind nicht zufällig, schließlich kam die Knolle aus dem Vogtland ins Erzgebirge und mit ihr auch Hinweise zur Zubereitung.

In älteren Berichten wird neben dem Wildreichtum der erzgebirgischen Wälder auch stets der Fischreichtum der Bäche, Flüsse und Teiche hervorgehoben. Vor allem die Forelle spielte in der

Ernährung eine wichtige Rolle. Während die Bachforelle von jedermann gefangen werden konnte, waren die in Teichen gezüchteten Forellen hauptsächlich für das Bürgertum und den Adel bestimmt. Zur erzgebirgischen Küche gehören aber auch die Früchte des Waldes, besonders die „Schwamme", wie die Pilze hier heißen. Heidel-, Preisel- und Walderdbeeren werden ebenso seit eh und je verarbeitet. Und natürlich auch die für das Erzgebirge so typische Beere, die „Vuglbeer".

Nur einmal im Jahr ließen es sich die „efachen Leit" richtig gut gehen: zu Weihnachten, dem wichtigsten Fest des Jahres. Vor allem die Bergleute, die im Winter kaum Tageslicht zu sehen bekamen, feierten es als „Fest des Lichtes". Am Heiligabend gab es dann „Neunerlei", eine traditionelle Speisenfolge. Raffiniert und schlicht zugleich - in dieser Weise mögen die Erzgebirger ihr Heiligabendessen bis heute.

NEUNERLEI

Bei aller Vorliebe für Kartoffeln - der Erzgebirger ist auch einem guten Braten zugetan, besonders mit Klößen dazu. Beim Wildreichtum der erzgebirgischen Wälder ist es nur natürlich, dass dieser Braten recht oft aus Hirsch, Reh oder Wildschwein zubereitet wird.

Ein Festtagsbraten gehört unbedingt auch zum „Neunerlei" am Heiligabend.

Gespickter Rehrücken mit Kräutern *(Foto)*

1 Rehrücken (etwa 1 kg),
75 g Speck, 3 Essl. Öl,
3 Essl. Margarine,
⅛ Liter saure Sahne,
1 Teel. Mehl, ½ Zitrone,
0,1 Liter Wermutwein,
Kräutersalz, Pfeffer,
3 Essl. gehackte Kräuter,
Wacholderbeeren.

Den Rehrücken häuten, spicken und leicht pfeffern. Dann mit Öl bestreichen und eine Stunde ruhen lassen, salzen und in einer Mischung aus heißem Öl und Margarine in der Röhre sehr saftig braten. Dabei häufig begießen. Den fertigen Braten herausnehmen und warm stellen. Bratensaft mit Wermutwein, Zitronensaft und ⅛ Liter Wasser aufgießen. 4 bis 5 zerdrückte Wacholderbeeren zugeben, kurz durchkochen, Soße durchseihen und mit saurer Sahne, in die man etwas Mehl verquirlt hat, binden. Zum Schluss in etwas Margarine angeschwitzte Kräuter zugeben. Rehrücken portionieren, die Soße gesondert reichen. Mit Kartoffelpüree oder Kroketten servieren.
Gut wird der Rehrücken auch ohne Spicken, wenn man ihn in einen Teigmantel hüllt (Foto).

NACH ALTEM BRAUCH...

...gibt es im Erzgebirge am Heiligabend ein üppiges Festmahl – das Neunerlei. Neun Speisen müssen dabei auf dem Tisch stehen, denn die Neun gilt als Glückszahl. Auch wenn die Speisen von Ort zu Ort verschieden sind, Sauerkraut gehört auf jeden Fall dazu, denn es verheißt Gesundheit. Auch Bratwurst und Schweinefleisch sollten nicht fehlen, ebenso der Gänsebraten und möglichst ein Karpfen oder wenigstens Hering. Denn Tiere aus den Drei Reichen der Erde muss man verzehren. Dazu kommen noch Rotkraut, Selleriesalat und die Leib- und Magenspeise des Erzgebirgers, die grünen Klöße. Sie sollen für das große Geld sorgen, für das Kleingeld hingegen muss man Hirse oder Linsen essen. Lebensfreude bringt Kompott von Heidel- oder Preiselbeeren, Schnupfen verhindert die Semmelmilch mit Mandeln. Zuletzt gibt's Nüsse, damit der Lebenswagen gut geölt durchs neue Jahr fährt.

Hirschkeule in Pfefferkuchensoße

750 g Hirschkeule, 100 g Speck, 100 g Margarine, 1 Möhre, 3 Zwiebeln, 1 kleines Stück Sellerie, ½ Packung Soßenlebkuchen, 2 Essl. Tomatenmark, ¼ Liter Rotwein, Salz, Pfeffer, Knoblauchsalz, Wacholderbeeren.

Die gehäutete Hirschkeule spicken. Mit Salz, Pfeffer, Knoblauchsalz und zerdrückten Wacholderbeeren einreiben, einige Zeit durchziehen lassen. Die Hirschkeule in heißer Margarine sehr saftig braten, dabei häufig begießen. Tomatenmark, kleine Zwiebelwürfel, fein geriebene Möhre und Sellerie zugeben. Nach und nach etwas Wasser und Rotwein auffüllen und die Keule zugedeckt in der Röhre garen. Die Soße mit geriebenem Soßenlebkuchen binden. Rehkeule mit Klößen und Rotkohl servieren.

Erzgebirgischer Sonntagsbraten

1 Kaninchen, Pfeffer, Salz, Zitronensaft, 4 Essl. Butter oder Margarine, ½ Liter saure Sahne.

Das abgehangene Kaninchen ausnehmen, waschen und portionieren. Das Fleisch kräftig mit Salz und Pfeffer einreiben und mit Zitronensaft beträufeln. In heißer Butter oder Margarine von allen Seiten braun braten. Mit wenig Wasser ablöschen und saure Sahne zugießen. Fleischstücke unter häufigem Übergießen 60 bis 70 Minuten garen. Dazu Rotkohl, Sauerkraut oder Selleriesalat und Klöße reichen.

Erzgebirgischer Rehbraten

Die gut abgehangene Rehkeule abhäuten, die Haxe abtrennen und in eine Schüssel legen. Öl, Salz, Pfeffer, Thymian und etwas Muskat verrühren und über die Keule gießen. Zwiebelringe auflegen und den Rotwein zugeben. Fleisch zugedeckt zwei Tage kühl stellen, dabei mehrmals wenden. Danach Keule abtropfen lassen und in heißer Margarine anbraten. Möhren- und Selleriescheiben sowie zerdrückte Pfefferkörner zugeben. Tomatenmark an das Bratfett geben, nach und nach mit der Marinade auffüllen und die Rehkeule in diesem Würzsud garen. Keule herausnehmen, warm stellen. Soße nochmals abschmecken, durchseihen und mit saurer Sahne, in die etwas Mehl verquirlt wird, verfeinern.

1 Rehkeule, ⅛ Liter Öl,

3 Zwiebeln, 1 Möhre, 1 kleines Stück Sellerie,

1 Essl. Tomatenmark,

100 g Margarine,

⅛ Liter saure Sahne, 1 Teel. Mehl,

1 Flasche Rotwein,

15 Pfefferkörner, Salz, Pfeffer, Nelken, Thymian, Muskat.

EDLER WILDSCHÜTZ

Der wohl berühmteste Wildschütz des Erzgebirges war Karl Stülpner, 1762 in Scharfenstein geboren. Seine tollkühnen Streiche machten ihn zum Volkshelden, zu einer Art Robin Hood des Erzgebirges. Von Dorf zu Dorf wurden die Erzählungen über Stülpners verwegene Husarenstückchen weiter gegeben, die Belagerung des Schlosses Scharfenstein etwa oder das Verjagen von Raubgesindel aus seinem Revier. Diese Geschichten ließen ihn zum edlen Wildschützen werden, dem Freund der Bauern und Feind der Feudalherren. Als „Grüner Rebell" ist Stülpner noch heute im Erzgebirge zu erleben: Die Greifensteinbühne bei Ehrenfriedersdorf zeigt im Sommer regelmäßig ein modernes Stülpner-Stück.

BRATHUHN A LA KARL MAY

Karl May, in Ernstthal am Fuße des Erzgebirges in ärmlichen Verhältnissen aufgewachsen, ließ die Leser seiner abenteuerlichen Erzählungen ganz nebenbei auch in fremdländische Kochtöpfe schauen. Dabei hatte er nie die Länder gesehen, über die er berichtete, hatte auch die dortigen Speisen nie probiert. Er schöpfte alles aus seiner blühenden Phantasie und dem fleißigen Studium von Reiseliteratur. Doch die Leser glaubten ihm, wenn er seine Helden Büffellenden oder Maisbrei, gebratene Präriehunde, die eigentlich Murmeltiere waren, oder Bärentatzen verzehren ließ. Karl May selbst war ein spartanischer Esser. Brathuhn mit Reis gab er als Lieblingsgericht an, Magermilch als liebstes Getränk.

Erzgebirgische Weihnachtsgans

**1 Gans (etwa 3 bis 4 kg),
Salz, Pfeffer,
1 Beifußzweig,
1 kg säuerliche Äpfel,
2 Essl. Stärkemehl.**

Die vorbereitete Gans innen und außen salzen und mit den vom Kerngehäuse befreiten Äpfeln sowie einem Beifußzweig füllen. Die Öffnung zunähen und die Gans mit heißem Wasser zum Braten ansetzen. Bei 200 °C die Gans unter häufigem Begießen und Wenden schön knusprig braten. Ist die Gans fett, die Haut an mehreren Stellen einstechen, damit das Fett ausbrät. Verdunstetes Wasser während des Bratens wieder auffüllen und etwas Fett abschöpfen. Ist die Gans fertig gebraten, die Soße nochmals entfetten, den Bodensatz lösen und kurz aufkochen. Die Soße durch ein Sieb geben und abschmecken. Bei Bedarf mit etwas Stärke binden. Zur Gans Rotkohl und grüne Klöße servieren.

Hinweis: Die Füllungen der Gans lassen sich variieren. So kann man außer Äpfeln auch Backpflaumen zugeben. Für die Apfel-Backpflaumen-Füllung verwendet man 750 g Äpfel, 250 g Backpflaumen, 2 Essl. Zucker und 1 Tasse Semmelmehl. Eine weitere geschmackliche Veränderung bietet eine Apfel-Porree-Füllung. Man bereitet sie aus 500 g Äpfeln, 500 g Porree, 100 g Rosinen und etwas Beifuß.

Erzgebirgisches Backhähnchen

Das Hähnchen vierteln, die größeren Knochen dabei auslösen. Das Fleisch mit Salz und Pfeffer würzen und mit etwas Zitronensaft beträufeln. Mehl mit reichlich Edelsüßpaprika mischen und die Fleischstücke darin wenden, dann in verquirltes Ei legen. Nach einiger Zeit die Fleischstücke umdrehen und nochmals eine Weile liegen lassen. Herausnehmen, in Semmelmehl panieren und in erhitztem Öl bei 180 °C etwa 15 Minuten backen. Dabei öfters wenden. Die braunen und knusprigen Fleischstücke herausnehmen, abtropfen lassen und mit Petersilie und Zitronenecken garnieren.

1 junges Hähnchen,
1 Zitrone, Mehl,
2 bis 3 Eier,
Semmelmehl,
Öl zum Backen,
Petersilie,
Salz, Pfeffer,
Edelsüßpaprika.

NEUHAUSENER NUSSKNACKER IST DER GRÖSSTE

Die von den einfachen Leuten wenig geliebte Obrigkeit in Gestalt von Förstern und Fürsten fand ihre Verkörperung im Nussknacker. Der Seiffener Wilhelm Friedrich Füchtner fertigte 1870 in seiner Werkstatt die erste Holzfigur zum Nüsseknacken. Schon bald gehörten die Nussknacker zur erzgebirgischen Weihnacht ebenso dazu wie Weihnachtsstollen und Weihnachtsgans.

Im 1994 in Neuhausen eröffneten Nussknackermuseum können über 4000 dieser recht finster blickenden Gestalten bestaunt werden. Der weltweit größte Nussknacker aber musste draußen bleiben: Er ist 5,87 Meter groß, wiegt über 1000 Kilogramm und ähnelt dem berühmten Vorfahren aus Seiffen.

Hasenrücken auf Oberförsterart

1 Hasenrücken, 1 Essl. Senf, 75 g Speck, 75 g Margarine, 1 Glas Weißwein, ⅛ Liter Sahne, 1 Zitrone, 1 Essl. Meerrettich, Salz, Pfeffer, Stangenzimt.

Den Hasenrücken häuten und leicht salzen, pfeffern und mit Senf bestreichen. Mit dünnen Speckscheiben belegt in eine Bratpfanne geben. Leicht gebräunte Margarine drüber gießen und anbraten, dabei häufig mit Bratensaft und Fett übergießen. Weißwein erhitzen, etwas geriebene Zitronenschale und eine kleine Stange Zimt zugeben.

Mit diesem gewürzten Wein den Rücken zusätzlich begießen. Sobald das Fleisch gar ist, den Speck entfernen, in feine Streifen schneiden und als Einlage in den durchgeseihten Bratensaft geben. Für die Soße noch mit Sahne, Meerrettich und Zitronensaft abschmecken. Den Hasenrücken vom Knochen lösen und in Scheiben schneiden. Nochmals kurz in der Soße erwärmen.

Bratwurst mit Äpfeln

6 Äpfel, Zucker, Zimt, Korinthen, 2 Essl. Butter, 400 g Bratwurst, 1 Zitrone, ⅛ Liter Weißwein, Speisewürze.

Die Äpfel schälen, in Stücke schneiden, mit Zucker und Zimt bestreuen. Einige Stunden ziehen lassen. Vorbereitete Korinthen in etwas lauwarmem Wasser ausquellen lassen. Butter zerlassen, Bratwurst dazugeben, die Äpfel herumlegen, Korinthen und etwas Zitronenschale darüber geben. Zugedeckt langsam braten. Gare Apfelstückchen herausnehmen. Ist die Wurst gar, den Weißwein zugießen. Soße mit Speisewürze abschmecken und die Wurst darin anrichten. Mit den Äpfeln garniert servieren.

Hirschgulasch Augustusburg

Speck in Streifen schneiden und in einem Topf auslassen. Das Hirschfleisch würfeln und rundum anbraten. Zwiebel und Knoblauch in Scheiben schneiden, zum Fleisch geben und andünsten. Karotten und Sellerie in Stifte schneiden, Lauch in Ringe.

Gemüse zum Gulasch geben und mitdünsten. Kräuter und Gewürze zugeben. Mit Rotwein und Wildfond aufgießen, dann 60 Minuten bei kleiner Hitze schmoren lassen. Linsen und Spätzle zugeben und 20 Minuten weiter kochen lassen.

Mit Sherry, Essig, Zucker, Salz, Pfeffer und Tomatenmark abschmecken. Saure Sahne unterrühren. Den Hirschgulasch heiß mit Salzkartoffeln servieren.

150 g Speck, 1 kg Hirschgulasch, 1 Zwiebel, 2 Knoblauchzehen, 2 Karotten, ¼ Sellerieknolle, 1 Stange Lauch, 2 Thymianzweige, 1 Lavendelzweig, 1 Lorbeerblatt, 4 Wacholderbeeren, Salz, schwarzer Pfeffer, ¼ Liter Rotwein, ¾ Liter Wildfond, 150 g geschälte rote Linsen, 175 g Spätzle, 4 cl Medium Sherry, 1 Essl. Rotweinessig, 1 Teel. Zucker, 2 Essl. Tomatenmark, 100 g saure Sahne.

WALD- UND WIESEN-GERICHTE

Die Verwendung von Pilzen, Beeren und Kräutern ist typisch für die erzgebirgische Küche - die vielfältigen Gerichte dieser Art belegen es. Selbst gesammelte Früchte halfen sparen: Wer viel Schwamme isst, der spart das teure Brot, lautet ein erzgebirgischer Spruch. Doch Pilze, Beeren und Kräuter schmecken auch gut, verfeinern die Speisen, geben ihnen den letzten Schliff. Die „Schwamme" wurden sogar zu eigenständigen Hauptgerichten verarbeitet. Bis heute hat sich daran kaum etwas geändert - Wald- und Wiesen-Gerichte sind im Erzgebirge beliebt wie eh und je.

Brotklöße mit Pilzen (Foto)

**375 g Trockenpilze,
80 g Speck, 2 Zwiebeln,
1 Tasse Brühe,
1 ½ Essl. Mehl, Salz,
Pfeffer, Petersilie.
Für die Klöße:
10 altbackene Brötchen,
¼ Liter Milch, 2 Eier,
Salz, Muskat.**

Die Trockenpilze am Vortag einweichen. Speckwürfel glasig andünsten. Fein geschnittene Zwiebel zugeben, beides anrösten. Pilze samt Einweichwasser sowie einer halben Tasse Brühe zusetzen. Zugedeckt langsam weich dünsten. In der restlichen Brühe das Mehl anrühren und das Pilzgemüse damit andicken. Mit Salz und Pfeffer abschmecken. Gehackte Petersilie untermischen.

Für die Klöße die Brötchen würfeln. Die Milch ansetzen, ankochen lassen und über die Brötchenwürfel gießen. Zugedeckt weich kochen lassen. Eier hineinquirlen, Salz und etwas Muskat zugeben, alles zu einem Kloßteig verarbeiten.

Mit nassen Händen Klöße formen und in siedendes Salzwasser legen. Bei mäßiger Hitze etwa 15 Minuten ziehen lassen. Brotklöße mit dem Pilzgemüse servieren oder die Klöße in Scheiben schneiden und die Pilze darauf anrichten.

Waldpilzsuppe

500 g gemischte Waldpilze,
1 Zwiebel, 2 Essl. Butter,
500 ml Fleischbrühe,
250 g saure Sahne,
1 Bund Petersilie, 1 Essl. Mehl,
4 Eigelb, Salz,
schwarzer Pfeffer.

Die Pilze putzen, waschen und klein schneiden. Die Zwiebel schälen und würfeln. Butter in einem Topf erhitzen und darin die Zwiebelwürfel andünsten. Pilze zugeben, Fleischbrühe aufgießen und 10 Minuten kochen lassen. Die saure Sahne einrühren. Das Mehl mit 2 Essl. Wasser anrühren, zur Suppe geben und nochmals kurz aufkochen lassen. Fein gehackte Petersilie zugeben. Die Eigelb verquirlen und in die nicht mehr kochende Suppe rühren. Mit Salz und Pfeffer abschmecken.

Erzgebirgisches Pilzhähnchen

1 Hähnchen, Salz, Bratfett,
250 g gedünstete Pilze,
⅜ Liter Brühe, gehackter Dill,
1 ½ Teel. Stärkemehl.

Das Hähnchen zerlegen, salzen und kräftig anbraten. Die Brühe zugießen und zugedeckt garen. Die Soße mit kalt angerührtem Stärkemehl binden. Pilze zugeben und nochmals stark erhitzen. Vom Herd nehmen und mit gehacktem Dill bestreuen.

Erzgebirgischer Pilztopf

125 g Speck, 3 Zwiebeln,
1 Essl. Margarine,
750 g gemischte Pilze,
Pfeffer, Salz, 1 Essl. Mehl,
¼ Liter Brühe, Petersilie,
1 ½ kg Kartoffeln.

Speck und Zwiebeln würfeln und in der zerlassenen heißen Margarine glasig braten. Die geputzten, gewaschenen und zerkleinerten Pilze zugeben. Pfeffern, leicht salzen und unter Wenden 10 Minuten dünsten. Dann Mehl überstäuben, Brühe angießen und kurz durchkochen. Fein gehackte Petersilie untermischen. Alles über angerichtete Salzkartoffeln gießen.

Pilzsalat

250 g gedünstete Steinpilze und
Pfifferlinge, 250 g Schinkenwurst, 1 Glas
Weißwein, Salz, schwarzer Pfeffer.

Pilze und Wurst fein schneiden und in eine Schüssel geben. Wein zugießen, mit Salz und Pfeffer abschmecken. 2 Stunden zugedeckt kühl stellen.

Gulasch mit Pilzen

Die Zwiebeln schälen, hacken und im erhitzten Schmalz glasig dünsten. Das gewaschene Fleisch in Würfel schneiden, zu den Zwiebeln geben und mit Paprika, Salz, Pfeffer und Kümmel abschmecken. Die Hälfte des Bieres aufgießen und 60 Minuten leicht kochen lassen. Die Kräuter sowie die in Scheiben geschnittenen Champignons 10 Minuten vor Ende der Garzeit mit dem restlichen Bier zugeben. Gulasch mit saurer Sahne und Tomatenmark abschmecken.

4 Zwiebeln, 60 g Butterschmalz, 750 g Rindergulasch, Salz, 2 Essl. Paprika edelsüß, schwarzer Pfeffer, ½ Teel. gemahlener Kümmel, 150 g Champignons, 500 ml helles Bier, 100 g saure Sahne, 1 Essl. Tomatenmark, 1 Bund gemischte Kräuter.

Pfifferlinge mit Kräutern

Die Pfifferlinge putzen, waschen und abtropfen lassen. Große Pilze halbieren. Speck und Zwiebeln würfeln. 40 g Butter in einem Topf erhitzen, die Speckwürfel zugeben und 5 Minuten leicht rösten. Pfifferlinge und Zwiebeln zugeben und noch 5 Minuten braten. Mit Salz und Pfeffer würzen. Etwa ⅛ Liter Wasser aufgießen. Zugedeckt 10 Minuten dünsten lassen. Inzwischen die restliche Butter mit dem Mehl verkneten und zu den Pilzen geben. Vorsichtig umrühren und aufkochen lassen. Bei schwacher Hitze 5 Minuten köcheln lassen. Petersilie, Schnittlauch und Kresse fein hacken und über die Pfifferlinge streuen. In einer vorgewärmten Schüssel sofort servieren.

1 kg Pfifferlinge, 100 g Speck, 100 g Zwiebeln, 50 g Butter, Salz, schwarzer Pfeffer, 10 g Mehl, je ½ Bund Petersilie und Schnittlauch, ¼ Kästchen Kresse.

BEEREN-APOTHEKE

Beeren wurden in der alten erzgebirgischen Küche nicht nur wegen ihrer Schmack- und Nahrhaftigkeit verwendet, sondern ebenso, um ihre tatsächliche oder eingebildete Heilwirkung bei allerlei Unpässlichkeiten oder Krankheiten zu nutzen. Die heimische Küche war also auch stets ein Stück weit die Apotheke.

Schwarzbeergetzen (Fotos)

**500 g Mehl,
4 Eier, ¾ Liter Milch,
3 bis 4 Essl. Mineralwasser,
100 g Schmalz,
1 kg Schwarzbeeren
(Heidelbeeren),
Salz, Zucker, Zimt.**

Aus Mehl, Milch, Eiern, Mineralwasser und einer Prise Salz einen dicken Teig zubereiten. In einer Getzenpfanne das Schmalz erhitzen, die Getzenmasse etwa 1 cm dick einfüllen. Die gewaschenen und abgetropften Heidelbeeren auf dem Teig verteilen. Getzen in der Röhre etwa ½ Stunde backen. Vor dem Auftragen dick mit Zucker und Zimt bestreuen. Hinweis: Statt Heidelbeeren können auch Preiselbeeren oder Obst verwendet werden.

Holunderkompott

**500 g Holunderbeeren,
250 g Pflaumen, 250 g Birnen,
75 g Zucker, 1 Teel. Zimt,
½ Teel. gemahlene Nelken,
75 g Semmelmehl.**

Die Holunderbeeren entstielen, die Pflaumen entsteinen. Die Birnen schälen, vierteln und das Kerngehäuse entfernen. Alle Früchte mit 75 ml Wasser und dem Zucker aufkochen. Gewürze zugeben und das Semmelmehl zum Binden unterrühren. Aufkochen lassen und bei kleiner Hitze zu Mus kochen. Das Kompott zu Mehlspeisen oder als Dessert servieren.

Waldbeerenbecher

**Je 1 Essl. Himbeeren, Brombeeren
und Heidelbeeren, pro Portion
4 Kugeln Eis (verschiedene Sorten),
fertige Waldbeerensauce,
200 g Sahne, 1 Päckchen Vanillezucker.**

Die Beeren putzen, waschen und abtropfen lassen. Je 1 Kugel von jeder Sorte Eis in ein Glas geben. Die Beeren gleichmäßig auf die Gläser verteilen. Sahne mit Vanillezucker steif schlagen, in einen Spritzbeutel füllen und auf jedes Eisglas einen Sahne-Tuff setzen. Nach Belieben mit Waldbeerensauce garnieren.

In einem Bächlein helle ...

Die fischreichen Flüsse und Bäche im Erzgebirge lieferten die beliebte Forelle, auch Fohre genannt. Forellen wurden aber auch gezüchtet: Vom Hammerherrn Heinrich von Elterlein ist überliefert, dass er zu Beginn des 17. Jahrhunderts in seinem Teich „sonderlich große Fohren/ die er lange gespeiset/ und gemäßtet" hatte, aufzog. Die Forelle hat seit dieser Zeit nichts an Beliebtheit eingebüßt - im Gegenteil. Auch die fürstlichen Herren bei Hofe ließen es sich nicht nehmen, beim Abfischen der erzgebirgischen Forellenteiche dabei zu sein und den leckeren Fang zu genießen.

Forellen in Apfelsoße (Foto)

2 Forellen, 4 Teel. Essig, ¼ Liter lieblicher Weißwein, 4 Äpfel, 1 Essl. Zucker, ½Teel. Zimt, Muskat, Schale von 1 Zitrone, Butter, Salz.

Die vorbereiteten Forellen im Ganzen in 1 Liter mit Essig versetztes Salzwasser geben und zum Sieden bringen. Dann 10 bis 15 Minuten ziehen lassen. Inzwischen die Apfelsoße zubereiten: Die geschälten und entkernten Äpfel klein schneiden und im Weißwein mit etwas Zucker und Zimt etwa 10 Minuten dünsten. Danach durch ein Sieb reiben. Die Soße mit abgeriebener Zitronenschale und Muskat würzen, die Butter unterrühren und nochmals erhitzen.

Die fertigen Forellen aus dem Salzwasser nehmen, abtropfen lassen und in der heißen Apfelsoße zu Tisch bringen. Dazu Salzkartoffeln mit Dill oder Petersilie bestreut reichen.

WILDBACHFORELLEN

Die Gebirgsbäche des Erzgebirges sollen einst so fischreich gewesen sein, dass sich Köhler und Waldarbeiter zur Sommerzeit die Forellen mit der Hand fingen. Sie brieten die kleinen Räuber mit Wildkräutern eingerieben und auf Spießen steckend über offenem Feuer.

Gefüllte Forelle mit Gemüse und Kräutern (Foto)

**4 kleine Forellen, 2 Eier,
40 g Mehl, 50 g Semmelmehl,
25 g Haselnussblättchen,
60 g Butterschmalz, Salz, Pfeffer.**

Für die Füllung:

**100 g Möhren, 100 g Porree,
150 g Doppelrahmfrischkäse,
50 g Haselnussblättchen,
2 Bund Dill, Salz, Pfeffer.**

Möhren und Porree streifig schneiden. Den Frischkäse mit den Haselnuss-blättchen, dem Gemüse, Salz, Pfeffer und gehacktem Dill verrühren. Die vorbereiteten Forellen innen und außen salzen und pfeffern. Mit der Käse-Kräuter-Masse füllen.

Butterschmalz in einer großen Pfanne erhitzen. Die Forellen zunächst in Mehl wenden, dann in verquirltem, gesalzenem Ei und zum Schluss in Semmelmehl mit Haselnussblättchen. Die Panade gut andrücken. Die Forellen goldbraun braten, mit Dillblüten garnieren und mit Petersilien-kartoffeln servieren.

Gebratene Bachforelle

**4 Forellen, Salz,
schwarzer Pfeffer,
1 Bund Salbei, 1 Essl. Mehl,
160 g Butter, 1 Zitrone.**

Die vorbereiteten Forellen innen und außen mit Salz und Pfeffer einreiben. Salbei waschen und jeweils einige Zweige in den Bauch der Fische legen. Mehl über die Fische stäuben und 60 g Butter in einer Pfanne erhitzen. Die Fische auf jeder Seite 8 Minuten braten, bis sie schön braun sind. Die restliche Butter zerlaufen lassen und zu den mit Zitronenspalten gar-nierten Forellen reichen. Dazu Petersilienkartoffeln und Salat.

Gebratene Forelle mit Kapern *(Foto)*

4 bis 6 Forellen, 75 g Butter,
3 Essl. Mehl, 3 Zitronen,
1 Röhrchen Kapern,
Salz, Muskat, Pfeffer.

Die vorbereiteten Forellen innen und außen mit Salz, etwas Muskat und Pfeffer würzen. In Mehl wenden und bei mittlerer Hitze etwa 20 Minuten in Butter braten. Ab und zu wenden und mit der Butter begießen. Danach die Forellen warm stellen. Die Zitronen schälen, in dünne Scheiben schneiden, entkernen und mit den gehackten Kapern und 1 Teel. Pfeffer in die Butter geben. Kurz erhitzen und über die Forellen gießen. Dazu Petersilienkartoffeln und frischen Salat reichen.

Sächsische Lachsforellenterrine

Für die Lachsforellenfarce:
400 g frisches Lachsforellenfilet,
300 g Crème fraîche, 1 Ei,
Salz, weißer Pfeffer,
5 Tropfen Tabascosauce.

Für die Zanderfarce:
200 g frisches Zanderfilet,
150 g Crème fraîche, 1 Ei,
Salz, weißer Pfeffer,
3 Tropfen Tabascosauce, Öl.

Für die Füllung:
80 g grüner Spargel,
70 g Möhren,
30 g frische Morcheln.

Das Lachsforellenfilet durch den Fleischwolf drehen, mit dem Pürierstab oder im Mixer zerkleinern. Dabei die restlichen Zutaten zugeben. Die Farce durch ein Haarsieb streichen. Die Zanderfarce ebenso zubereiten. Spargel und Möhren putzen, waschen, zerkleinern und blanchieren. Die Morcheln waschen und mit der Zanderfarce füllen. Eine Pastetenform einölen und mit Alufolie auslegen. Folie ebenfalls einölen.

Etwas Zanderfarce in die Form spritzen, Spargel und Möhren darauf verteilen. Wieder mit Zanderfarce bedecken. Darauf die gefüllten Morcheln anordnen und wiederum mit Farce bedecken. Nochmals Spargel und Möhren und abschließend die restliche Zanderfarce verteilen. Die Form im Wasserbad im vorgeheizten Backofen bei 80 °C eine halbe Stunde garen. Abkühlen lassen und die Zanderterrine aus der Form nehmen.

Eine größere Pastetenform in gleicher Weise vorbereiten. Die Hälfte der Lachsfarce einspritzen, die Zanderterrine hineinsetzen und die restliche Lachsfarce darüber streichen. Pastete im Wasserbad bei 80 °C eine halbe Stunde garen. Dann auskühlen lassen, stürzen und in Scheiben schneiden. Mit frischem Blattsalat servieren.

Sächsische „Forellen"

8 grüne Heringe,
Salz, Weinessig,
etwas Butter, Petersilie.

Heringe ausnehmen, schuppen und waschen. Leicht salzen und in Essig wenden. In einen weiten Topf einlegen und etwa 10 Minuten in Salzwasser garen. Portionsweise auf den Tellern anrichten, mit zerlassener Butter übergießen und mit Petersilie garnieren. Dazu Salzkartoffeln und frischen Salat reichen.

GEBACKENES AUS DEM WEIHNACHTSLAND

Zu einem stimmungsvollen Weihnachtsfest im Erzgebirge gehört die Weihnachtsbäckerei nach überlieferten Backrezepten. Ein alter überlieferter Brauch im Advent ist das „Kuchensingen". Bekannt ist auch der Annaberger Niklaszopf, ein süßes Hefegebäck als Geschenk zum Nikolaustag. Aber auch wenn das Fest vorüber ist, backen die Erzgebirger weiter. Denn es gibt ja noch andere Feste und Feiern im Jahreslauf, bei denen gern Kuchen gegessen wird. Auch im Alltag ist Gebackenes immer willkommen.

Pflastersteine

Für den Teig:
500 g Mehl, 250 g Honig,
100 g Zucker, 100 g Butter,
1 Ei, ½ Teel. Zimt,
etwas Bittermandelöl,
1 Päckchen Backpulver, 50 g Rosinen,
100 g süße Mandeln, 50 g Zitronat.
Für den Guss:
200 g Puderzucker, 40 g Butter.
Außerdem:
Hagelzucker.

Honig, Zucker und Butter zerlassen und wieder etwas abkühlen lassen. Die übrigen Zutaten zugeben und zu einem Teig verarbeiten. Kräftig kneten, dann den Teig 30 Minuten in den Kühlschrank stellen. Daumendicke Rollen formen und gleichmäßige Stücke abschneiden, daraus kirschgroße Kugeln formen und etwas platt drücken. Ein Backblech ausbuttern, die Pflastersteine aufsetzen und im vorgeheizten Backofen backen.

Für den Guss den Puderzucker sieben und 2 Essl. heißes Wasser sowie die zerlassene Butter unterrühren. Die Pflastersteine damit glasieren und in Hagelzucker wenden.

KINDL

Sachsen ist ein Stollenland erster Ordnung, und das Erzgebirge macht da keine Ausnahme. Die Erzgebirger nennen ihren Weihnachtsstollen „Butterstollen", und es soll ihn nach schriftlichen Zeugnissen bereits seit 1571 geben. Auch im „Heiling Ohmd Lied" von Johanne Amalie von Elterlein kommt der Butterstollen vor:

> "Mr hoom a sachz'n Butterstoll'n
> So lank wie de Ufenbank.
> Ihr Mad, do ward gefrassen war'n
> Mr war'n noch alle krank."

Der Stollen soll das in Windeln gewickelte Christkind darstellen, deshalb nennt man ihn im Erzgebirge mitunter auch liebevoll „Kindl". Noch heute gilt die Regel, den Weihnachtsstollen erst am ersten Feiertag anzuschneiden. Das soll Segen bringen.

Quarkstollen

500 g Weizenmehl,
1 Päckchen Backpulver,
2 Eier, 125 g Zucker,
1 Päckchen Vanillezucker,
250 g Quark (20 % Fett),
2 Essl. Rum, 125 g Butter,
150 g Sultaninen,
50 g Zitronat,
125 g gemahlene süße
Mandeln, 1 Prise Salz.

Das Mehl mit dem Backpulver sieben und gut vermischen. In die Mitte eine Mulde drücken und Zucker, Eier und Vanillezucker hineingeben. Butterflöckchen, Quark, Rum und Salz zugeben. Mit bemehlten Händen von außen nach innen einen Teig kneten. Die leicht in Mehl gewälzten Sultaninen sowie das fein gewürfelte Zitronat einarbeiten, zuletzt die gemahlenen Mandeln. Den gut durchgekneteten Teig in ein feuchtes Tuch wickeln und für mindestens 1 Stunde in den Kühlschrank legen. Dann den Teig nochmals kneten und zu einem Stollen formen. Auf ein gefettetes Backblech legen und bei 200 ºC 55 bis 65 Minuten backen. Den noch warmen Stollen mit zerlassener Butter bestreichen und mit Puderzucker dick bestäuben.
Hinweis: Der Quarkstollen kann noch verfeinert werden, wenn man einige Zutatenmengen verändert: 175 g Zucker, 200 g Butter, 200 g Sultaninen und zusätzlich 60 g Orangeat sowie je eine Messerspitze Zimt, Kardamom und Piment.

Erzgebirgische Pfefferkuchen

Das Mehl sieben und mit Speisesoda und Zucker vermischen. Mit lauwarmem Honig, den Eiern und den anderen Zutaten zu einem festen Teig verkneten. Über Nacht stehen lassen.

Dann den Teig zu einer dicken Platte ausrollen. Figuren ausstechen, mit Ei bestreichen und in der heißen Röhre backen. Für den Guss den gesiebten Puderzucker mit Wasser zu einem dickflüssigen Brei verrühren und die Pfefferkuchen damit bestreichen.

Für den Teig:

500 g Mehl, 250 g Zucker, 2 Eier, 2 Essl. Honig, 1 Essl. Rum, Pfefferkuchengewürz, ½ Essl. Speisesoda.

Für den Guss:

200 g Puderzucker.

Aprikosen-Hefezopf

Die Aprikosen in heißes Wasser legen und eine halbe Stunde weichen lassen. Aus Mehl, Hefe, Milch, Zucker, Ei und Salz einen Hefeteig herstellen, zum Schluss die Butter gut unterkneten. Den Teig zugedeckt an einem warmen Ort etwa 45 Minuten gehen lassen. Inzwischen die Aprikosen abtropfen lassen, sehr fein schneiden und mit der Marzipanmasse und dem Apricot-Brandy gut verrühren. Den Hefeteig nochmals gut durchkneten und in drei Portionen aufteilen. Jede Portion zu einem Rechteck von ca. 40 x 20 cm ausrollen. Die Aprikosenmasse darauf streichen und die Teigstücke aufrollen, dabei die Nahtstellen leicht andrücken und mit etwas Eiweiß befestigen. Aus den Rollen einen Zopf flechten und an den Enden zusammendrücken. Ein Eigelb mit einem Esslöffel Wasser verrühren und damit den Zopf bestreichen. Hagelzucker darüber streuen und im Ofen bei 175 °C etwa 1 Stunde backen.

200 g getrocknete Aprikosen, 500 g Weizenmehl, 40 g Hefe, 50 g Zucker, ⅛ Liter Milch, 100 g Butter, 1 Ei, 1 Teel. Salz, 200 g Marzipan-Rohmasse, 4 Essl. Apricot-Brandy, 1 Eigelb, 30 g Hagelzucker.

KIRMES IM ERZGEBIRGE

Die erzgebirgische Kirmeszeit begann immer mit dem großen Reinemachen und gipfelte im Kuchenbacken. Stöße von Kuchen mussten gebacken werden! Je zwei der Kuchen wurden mit den Gesichtern aufeinander gelegt. Zwar zeigten sie beim Auseinandernehmen wohl einige kleine Schönheitsfehler im Kuchengesicht, doch den gesunden Appetit der Gäste störte das nicht im Geringsten. Kuchen – das war der Mittelpunkt des Kirmeslebens! Dass er es auch heute noch ist, davon können sich Besucher bei den vielen Kirmesfeiern in erzgebirgischen Ortschaften selbst überzeugen.

Schneeberger Plinsen (Foto)

Für den Teig:
10 g Hefe, ⅛ Liter Milch, 2 Eier, 150 g Mehl, 50 g Rosinen, 1 Prise Salz, 1 Essl. Zucker.
Außerdem:
Leinöl zum Ausbacken, Heidelbeerkonfitüre, Schlagsahne.

Die zerbröckelte Hefe in der Milch verquirlen. Eier, gesiebtes Mehl, Rosinen, Salz und Zucker unterrühren. 1 Stunde zugedeckt an einem warmen Ort gehen lassen. Den Teig portionsweise in eine Pfanne mit erhitztem Öl einfüllen. Auf beiden Seiten goldbraun backen. In die Mitte jeder Plinse einen Teelöffel Heidelbeerkonfitüre und einen Sahneklecks geben.

Freiberger Eierschecke

Für den Teig:
30 g Hefe, 100 g Zucker, ¼ Liter Milch, 500 g Mehl, 1 Prise Salz, 100 g Butter.
Für den Belag:
100 g Rosinen, 2 Essl. Rum, 200 g Butter, 200 g Zucker, 8 Eier, 100 g gehackte Mandeln.

Für den Vorteig die Hefe mit 1 Teel. Zucker und 6 Essl. lauwarmer Milch verrühren. Zwei Drittel des Mehls in eine Rührschüssel sieben. In die Mitte eine Vertiefung drücken, den Vorteig hineingeben und ½ cm dick mit Mehl bestäuben. Sobald das auf die Hefe gegebene Mehl rissig wird, Zucker, Salz und 100 g Butter in Flöckchen dazugeben und von der Mitte aus die Hefe mit dem Mehl und den anderen Zutaten verarbeiten. Nach und nach die restliche Milch zufügen. Den Teig so lange schlagen, bis er Blasen wirft. Das restliche Mehl unterkneten.
Teig 1 Stunde gehen lassen, dann gut durchkneten und auf einem gefetteten Backblech ausrollen. Die gewaschenen und abgetropften Rosinen mit dem Rum vermischen. Butter, Zucker und Eier schaumig schlagen. Rosinen und Mandeln auf dem Teig verteilen, darüber die Butter-Eier-Masse geben. Bei Mittelhitze etwa 25 Minuten backen.

Schwarzbeerkuchen *(Foto)*

Für den Teig:
250 g Mehl, 15 g Hefe,
⅛ Liter Milch, ½ Teel. Salz,
60 g Butter, 60 g Zucker, 1 Ei.
Für die Auflage:
750 g Schwarzbeeren
(Heidelbeeren),
75 g Semmelmehl,
3 Essl. Zucker.

Den Vorteig zubereiten: Die Hefe zerbröckeln und mit 1 Teel. Zucker, 1 Teel. Mehl und etwas lauwarmer Milch glatt rühren. In die Teigschüssel das Mehl sieben, in die Mitte eine Vertiefung drücken, den Vorteig hineingeben. Etwa 15 Minuten gehen lassen. Inzwischen Butter und Zucker mit dem Ei schaumig rühren. Vorteig, Schaummasse und Mehl zu einem lockeren Teig verarbeiten und nochmals gehen lassen.

Ausrollen, in eine Springform geben und gleichmäßig mit Semmelmehl bestreuen. Die gewaschenen und abgetropften Beeren auf dem Teig verteilen und den Kuchen bei milder Hitze backen. Nach dem Auskühlen mit Zucker bestreuen.

Brotkuchen mit Äpfeln

750 g Schwarzbrot,
3 Eier,
750 g Äpfel,
4 Essl. Rosinen,
75 g Butter, Zucker,
Zimt,
Zitronenaroma.

Das Schwarzbrot grob zerkleinert über Nacht in etwas Wasser einweichen, ebenso die Rosinen in etwas Weinbrand oder Rum. Eine Kastenkuchen- oder Springform fetten. Die geschälten und von den Kerngehäusen befreiten Äpfel in kleine Stücke schneiden. Das eingeweichte Brot ausdrücken, zerkrümeln und mit den Eiern vermischen.

Abwechselnd Brot, Apfelstücke, Rosinen, Zucker mit Zimt sowie etwas Zitronenaroma in die Form schichten, obenauf sollte Brot sein. Butter- flöckchen darauf setzen und den Kuchen etwa 1 Stunde in der Röhre backen. Heiß mit Milch, Zucker und Zimt oder Vanillesoße servieren.

Erzgebirgische Kartoffeltorte

500 g Kartoffeln, 50 g Butter,
8 Eier, 200 g Zucker,
4 Essl. gehackte Mandeln
(darunter 2 bittere),
2 Essl. Zitronensaft,
1 Teel. abgeriebene
Zitronenschale,
2 Essl. Kartoffelmehl,
Butter für die Form.

Pellkartoffeln kochen, schälen und pressen. Über Nacht stehen lassen. Die Eier trennen. Butter, Eigelb und Zucker schaumig schlagen. Mandeln, Zitronensaft und Zitronenschale zugeben. Kartoffelmasse nach und nach einarbeiten, Kartoffelmehl zufügen.

Eiweiß zu Schnee schlagen und unterheben. Teig in eine gefettete Spring- form füllen und bei Mittelhitze 50 bis 60 Minuten backen.

UND ZULETZT NOCH EINEN HOLUNDERSCHNAPS

Ein gutes Mahl wird im Erzgebirge mit einem Schnaps beendet - das ganze Jahr über, aber besonders an den Sonn- und Feiertagen. Natürlich gehört ein Schnaps auch zum Neunerlei am Heiligabend, am besten einer aus eigener Herstellung. Mit den heimischen Zutaten lässt sich ein guter Wintervorrat an Schnäpsen anlegen.

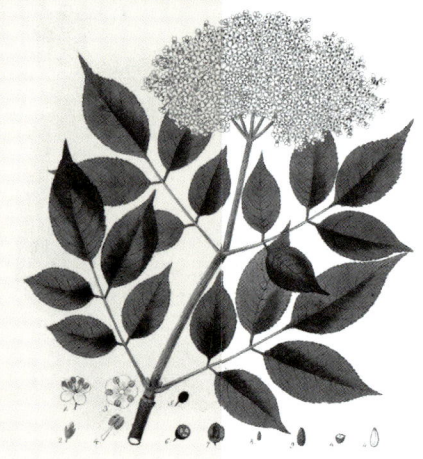

Sambucus nana

Holunderschnaps

500 g Holunderbeeren, ½ Liter Korn, 3 Nelken, 1 kleines Stück Zimtstange, 130 g Zucker.

Holunderbeeren waschen, abzupfen und etwas zerdrücken. Den Korn, die Nelken und den Zimt dazugeben, Gefäß abdecken oder zubinden und ca. 14 Tage an einem warmen Ort stehen lassen. Danach den Zucker in knapp ⅛ Liter Wasser aufkochen, kalt werden lassen und zu den Beeren geben. Schnaps umrühren, durchseihen und in Flaschen füllen. Nach zwei bis drei Wochen trinkfertig.

Knoblauchschnaps

1 Knoblauchknolle, ¾ Liter Korn oder Wodka.

Den Knoblauch schälen, die Zehen längs teilen. In eine Flasche geben und den Korn oder Wodka darüber gießen. Flasche gut verschließen. Der Schnaps kann nach 14 Tagen getrunken werden, vor allem nach fettreichen Mahlzeiten. Er eignet sich aber auch gut als Gewürzschnaps für Soßen.

Vogelbeerschnaps

500 g rote, vom ersten Frost befallene Vogelbeeren, 1 Liter Korn, 130 g Zucker.

Die Vogelbeeren waschen, trockentupfen und leicht zerdrücken. Den Korn erhitzen und heiß über die Beeren gießen. Das Glas zubinden und eine reichliche Woche an einen warmen Ort stellen. Danach den Zucker in ganz wenig Wasser aufkochen, erkalten lassen und in das Glas geben. Nach etwa 30 Minuten alles abseihen und in Flaschen füllen. Es kann sofort gekostet werden.

Himbeerschnaps

Die Himbeeren verlesen, waschen, abtropfen lassen, in ein großes Glas geben und mit dem Korn übergießen. Gut verschließen und vier Wochen an einem sonnigen Ort stehen lassen. Dann den Zucker in ¼ Liter Wasser aufkochen und wieder erkalten lassen, mit den Himbeeren mischen. Eine halbe Stunde stehen lassen, dabei ab und zu umrühren. Dann filtern, in Flaschen füllen und fest verschließen. Nach drei bis vier Wochen kann probiert werden.

**500 g Himbeeren,
½ Liter Korn, 230 g Zucker.**

Wacholderschnaps

Die Wacholderbeeren in eine Flasche füllen und mit Wodka übergießen. Gut verschließen und eine Woche an einem sonnigen Ort ziehen lassen. Dann filtern und in frische Flaschen füllen.

**500 g getrocknete
Wacholderbeeren,
200 ml Wodka.**

Schlehenschnaps

Die Schlehen verlesen, waschen, abtropfen lassen und zerdrücken. Dabei auch ein paar Kerne zerstoßen. Den Fruchtbrei mit dem Kandis und den Zimtstangen in ein Glas geben und den Korn darüber gießen. Glas verschließen und bei Zimmertemperatur vier Wochen ziehen lassen. Dann abfiltern und in Flaschen füllen. An einem kühlen, dunklen Ort noch mindestens vier Monate reifen lassen.

**750 g reife Schlehen,
300 g weißer Kandis,
2 Zimtstangen,
0,7 Liter Doppelkorn.**

HIER DARF GEKOSTET WERDEN

In Crottendorf wurde mit dem seit 1882 bestehenden Stammhaus der Grenzwald-Destillation Otto Ficker GmbH eine komplette Schnapsfabrik als Museum eingerichtet. Es vermittelt den Besuchern nicht nur einen Einblick in den historischen Produktionsablauf der Firma, sondern mit den original erhaltenen Geräten werden noch immer hochwertige Kräuterauszüge hergestellt. Und dieser Museums-Schnaps darf auch gekostet werden!

Dresden

Die Dresdner Küche kann die höfischen Einflüsse nicht verleugnen und gibt sich raffiniert. Wild, Fisch, Obst und Gemüse aus dem fruchtbaren Elbtal wie auch die Vorliebe für Süßes sind Markenzeichen.

Kulinarische Audienz in der Hauptstadt

Denkt man an Dresdner Küche, fallen einem zuerst die süßen Sachen ein: Dresdner Stollen natürlich und die vielen Kuchen, die hier ihren Ursprung haben - Eierschecke, Prasselkuchen, Bienenstich, Sahnekuchen ... „Kuchenfresser" sind die Dresdner deshalb im 19. Jahrhundert genannt worden und haben es nicht übel genommen. War und ist doch Dresden bekannt für seine Konditoreien und Kaffeehäuser.

Bei so viel Liebe zum Süßen verwundert es nicht, dass Dresden auch eine Schokoladenstadt ist, um 1900 durfte sich die sächsische Residenzstadt sogar deutsche Schokoladenhauptstadt nennen! Nirgendwo sonst in Deutschland wurde zu dieser Zeit so viel Schokolade hergestellt wie in Elbflorenz.

Die Dresdner Küche kann und will die höfischen Einflüsse nicht verleugnen. Sie gibt sich raffiniert, es wird viel gewickelt, mit leckeren Füllungen überrascht. Wildgerichte, einst dem Adel vorbe-

halten, sind beliebt in dieser wald- und wildreichen Region. Aber auch Fisch kommt oft auf den Tisch. Die Fischerei zählte in der Stadt am Strom zu den ältesten Erwerbszweigen, heute kommt schmackhafter Fisch - vor allem Karpfen - aus den vielen Teichen und Seen um Dresden. Schon um 1500 ließ Herzog Georg von Sachsen die ersten Zuchtteiche anlegen, und die Rittergutsbesitzer taten es ihm gleich. Teichwirtschaft wurde zu einer wichtigen Einnahmequelle, galt der Karpfen in Sachsen doch schon vor Jahrhunderten als typisches Festtagsessen.

Zur Dresdner Küche gehört auch reichlich Obst und Gemüse, das im fruchtbaren Elbtalkessel hervorragend gedeiht. Natürlich ebenso der Wein. „Auf einen guten Bissen gehört ein guter Schluck" - dieses Sprichwort passt auf die Küche der sächsischen Hauptstadt, oder etwas anders ausgedrückt auch jenes: „Aufs Stücklein schmeckt ein Schlücklein".

Donnerstags kommt die Küchen-Kutsche

Bis zum Ende des 19. Jahrhunderts tummelte sich in der Elbe noch der Elblachs - Sachsens wertvollster Speisefisch. Doch auch manch anderer Fisch ging den Fischern ins Netz, ebenso in den Seen und Teichen der Region. Begnügten sich die einfachen Leute meist mit einheimischem Fisch, so liebte man am Hof darüber hinaus Delikatessen wie Austern und Seefische. Um sie stets frisch zur Verfügung zu haben, ließ August der Starke extra die Küchen-Kutsche Hamburg - Leipzig - Dresden einrichten.

Moritzburger Karpfensuppe (Foto)

800 g Karpfen, Wurzelwerk, Lorbeer, Piment, Salz, weißer Pfeffer, 150 g Möhren, 200 g Zwiebeln, 100 g Sellerie, 50 g Margarine, 3 Essl. Tomatenmark, 100 g Zitrone, Petersilie.

Den Karpfen filetieren, dann Gräten, Kopf und Flossen mit dem kleingeschnittenen Wurzelwerk und den Gewürzen zu einer Fischbrühe ansetzen. Möhren, Zwiebeln und Sellerie putzen, waschen und in Streifen schneiden. Gemüse in Margarine anschwitzen, Tomatenmark zugeben und mit der passierten Brühe auffüllen. Etwas abgeriebene Zitronenschale an die Suppe geben, abschmecken. Karpfenfilets in Streifen schneiden und in der Fischsuppe gar ziehen lassen. Jeden Teller mit einem Streifen Fisch und einer Scheibe Zitrone anrichten, dann die heiße Suppe darüber gießen. Mit reichlich fein gehackter Petersilie bestreuen.

FRISCHER FISCH AUS DEM HOFFISCHGARTEN

*Für stets frischen einheimischen Fisch auf der königlichen Tafel hatten
der Hoffischmeister und seine Gehilfen zu sorgen. Sie fischten nicht
nur in der lachsreichen Elbe, sondern versorgten auch einen Hoffisch-
garten August des Starken unweit des Schlosses neben dem Zwinger.
Dorthin wurden lebend nahezu alle Fische gebracht, die in den
kurfürstlichen Amtsteichen zu Moritzburg, Großenhain, Torgau
und Radeberg ins Netz gingen: Aale, Flussneunaugen,
Welse, Karauschen, Schleien, Zander.
Und natürlich vor allem - Karpfen.*

Kabeljau mit Gemüse

**1 kg Kabeljaufilet,
1 Zitrone, Salz.
Für den Gemüsesud:
1 Zwiebel, 2 Stangen Lauch,
2 Karotten, ¼ Sellerieknolle,
60 g Butter, ¼ Liter Weißwein,
Salz, 2 Essl. Fischgewürz,
1 Bund Dill, 1 Bund Petersilie,
½ Bund Estragon.**

Die Filets abspülen, trockentupfen und mit Zitronensaft beträufeln. Etwas
stehen lassen. Für den Sud die Zwiebeln und den Lauch in Scheiben
bzw. Ringe schneiden. Die Karotten und den Sellerie in Streifen schneiden. Das Gemüse in erhitzter Butter kurz andünsten. 1 Liter Wasser und
den Wein aufgießen, salzen. Fischgewürz zugeben, 5 Minuten kochen
lassen. Die Filets in den Sud einlegen, aufkochen und bei geöffnetem
Deckel 15 bis 20 Minuten gar ziehen lassen. Die Kräuter klein schneiden
und 5 Minuten vor Garende zugeben. Das Gemüse auf einer Platte
anrichten und die Kabeljaufilets darauf legen. Mit Salzkartoffeln und
frischem Salat servieren.

Moritzburger Spiegelkarpfen

**1 Karpfen (1,5 kg), Salz,
weißer Pfeffer, 100 g Zitrone,
200 g Zwiebeln, 150 g Möhren,
150 g Sellerie, 80 g Butter,
¼ Liter Brühe.**

Den Karpfen ausnehmen, die Kiemen entfernen. Den Fisch portionieren und
mit Salz, Pfeffer und Zitronensaft würzen. Das Gemüse putzen, in Streifen
schneiden und in ausgelassener Butter andünsten. Die Karpfenstücke auf das
Gemüse legen, ein wenig Brühe angießen (der Karpfen darf nicht bedeckt
sein). Zugedeckt in der Röhre garen. Karpfen auf dem Gemüse anrichten, mit
zerlassener Butter begießen und eine Zitronenecke anlegen.

Rotbarsch mit Gurkenpüree

Den gewaschenen und trockengetupften Fisch mit Zitronensaft, Salz und Pfeffer einreiben. Das Ei mit der Milch verquirlen, das Mehl mit dem Semmelmehl vermischen. Die Filets in Ei, dann in Panade wenden und in der erhitzten Butter beidseitig goldbraun braten. Die Gurke grob raspeln. 400 ml Wasser, Salz und die Gurkenraspeln zum Kochen bringen, dann in eine Schüssel gießen. Die kalte Milch und Butter dazugeben. Püreeflocken einstreuen und unterrühren.

Dill zufügen, mit Pfeffer, Muskat, Salz und der geriebenen Zwiebel abschmecken. Fisch mit Gurkenpüree auf einem Teller anrichten und mit Zitronenspalten, Dill und Gurkenscheiben garnieren.

1 kg Rotbarschfilet, 2 Essl. Zitronensaft, Salz, weißer Pfeffer, 30 g Mehl, 2 Essl. Milch, 50 g Semmelmehl, 1 Ei, 3 Essl. Butter zum Braten.
Für das Püree: 250 g Salatgurke, 1 gestr. Teel. Salz, 250 ml Milch, 1 Essl. Butter, 2 Essl. gehackter Dill, 1 Packung Kartoffelpüree, weißer Pfeffer, 1 Prise Muskat, ¼ geriebene Zwiebel.
Zum Garnieren: 1 Zitrone, einige Gurkenscheiben, ½ Bund Dill.

Bücklinge mit Rührei

Bücklinge enthäuten und entgräten, filetieren und in Butter leicht anbraten. Eier, Milch und fein gehackten Schnittlauch verquirlen und salzen. Die Fischstücke wenden, dann die Eimasse darüber gießen. Zum schnelleren Stocken kurz einen Deckel auf die Pfanne setzen. Mit Bratkartoffeln oder Kartoffelsalat servieren.

4 Bücklinge, 1 Essl. Butter, 4 Eier, 2 Essl. Milch, 2 Essl. frischer Schnittlauch, Salz.

Seezunge auf Regentschaftsart

Die Seezungenfilets abspülen, trockentupfen, mit Salz und Pfeffer würzen. Mit Mehl bestäuben. Butterschmalz erhitzen, Weißwein angießen, mit Salz und Pfeffer abschmecken, aufkochen. Die Filets hineinlegen und 8 bis 10 Minuten dünsten. Inzwischen die grob gehackten Walnusskerne in der Hälfte der Butter hellbraun rösten. Die Bananen schälen, in Scheiben schneiden und kurz in der restlichen zerlassenen Butter schwenken. Die garen Filets herausnehmen und warm stellen. Den Sud bis zur Hälfte einkochen. Crème fraîche zufügen, kurz aufkochen. Die Seezungenfilets auf vorgewärmten Tellern anrichten, mit Zitronensaft beträufeln, dann Walnusskerne und Bananenscheiben darauf verteilen. Etwas Soße angießen.

4 Seezungenfilets (800 bis 1000 g), Salz, weißer Pfeffer, 1 Essl. Mehl, 80 g Butterschmalz, ¼ Liter Seußlitzer Weißburgunder, 4 Essl. Walnusskerne, 60 g Butter, 2 Bananen, 2 Essl. Crème fraîche, 2 Essl. Zitronensaft.

Meißner Wurzelkarpfen

1 Karpfen (1,5 kg),
2 Möhren, ½ Knolle Sellerie,
1 Stange Porree, 2 Essl. Öl,
Pfefferkörner, Lorbeerblätter,
Salz, 2 Essl. Butter,
2 Schoppen Weißwein,
Petersilie.

Den vorbereiteten Karpfen portionieren. Das Gemüse putzen und zerkleinern, in Öl leicht anschwitzen. Grob gemahlenen Pfeffer und zwei Lorbeerblätter zugeben und die gewaschenen und leicht gesalzenen Karpfenstücke darauf legen. Einige Butterflöckchen dazugeben und mit Weißwein auffüllen. Zugedeckt bei geringer Hitze etwa 20 Minuten dünsten. Die Fischstücke beim Anrichten mit dem Gemüse-Weißwein-Sud übergießen und mit gehackter Petersilie bestreuen. Dazu Petersilienkartoffeln und Salat reichen.

Gebackene Senfheringe

1,5 kg grüne Heringe, Salz,
Senf, Petersilie,
⅛ Liter Bier,
125 g Mehl, 1 Ei,
1 Essl. Öl, Pfeffer.

Die vorbereiteten Heringe filetieren. Die Filets halbieren, leicht salzen und beidseitig mit Senf bestreichen. In gehackter Petersilie wenden. Bier, Mehl, Eigelb, Öl, Salz und Pfeffer mit dem Schneebesen verrühren, das steif geschlagene Eiweiß unterziehen. Filets durch den Teig ziehen und in heißem Öl backen. Mit Kartoffelsalat oder Schwarzbrot servieren.

GESCHÄTZT VON ARM UND REICH

Zwar stammt der Hering nicht aus heimischen Gewässern, ging aber dennoch in die sächsische Küche ein. Fangfrisch wurde er in der Hofküche zubereitet: mit ein wenig Essig, Pfeffer und Zwiebeln. Doch auch die kleinen Leute schätzten den Hering, denn gesalzen war er lange haltbar und im Preis erschwinglich. Auch schmeckt er gebraten oder gekocht vorzüglich. Die Sachsen halten dem Hering deshalb bis heute die Treue und bringen ihn besonders gern mit Kartoffelbrei zu Tisch.

Bratheringe *(Foto)*

Die Heringe ausnehmen und schuppen. Waschen und mit Zitronensaft beträufeln. 10 Minuten ziehen lassen. Dann die Fische salzen und in Mehl wenden. In erhitzter Margarine beidseitig etwa 7 Minuten braten, dann leicht abkühlen lassen.

Für die Marinade ⅜ Liter Wasser mit dem Essig vermischen. Zwiebeln in Ringe schneiden und zugeben. Mit den übrigen Zutaten kurz aufkochen. Marinade abkühlen lassen. Die noch warmen Heringe in eine Schüssel geben und mit Marinade übergießen. 24 Stunden zugedeckt in den Kühlschrank stellen. Die Bratheringe mit Bratkartoffeln oder Kartoffelpüree servieren.

8 grüne Heringe,
1 Zitrone, 1 Essl. Mehl,
Salz, 85 g Margarine.
Für die Marinade:
⅜ Liter Essig, 2 Zwiebeln,
2 Lorbeerblätter,
2 Teel. Senfkörner,
1 Prise Zucker,
2 getrocknete Peperoni.

...*bei Großenhain ist so manches aufwändige Menü servieret worden. Die Forelle war dabei nie Hauptgericht, sondern reihte sich ein in mehr als ein Dutzend Gänge.*

Forellenfilets Schloss Schönfeld *(Foto)*

2 ausgenommene Lachsforellen (je etwa 600 g), 1 Zitrone, Salz, weißer Pfeffer, 2 Schalotten, ½ Stange Lauch, 1 Karotte, 80 g Butterschmalz, ¼ Liter trockener Elbtal-Riesling, 12 Krebse, 1 Zwiebel, 1 Lorbeerblatt, 1 Teel. Kümmel, 1 Bund Petersilie, 1 bis 2 schwarze Trüffeln, 2 Essl. Butter.

Lachsforellen filetieren, Gräten entfernen. Die Filets mit Zitronensaft beträufeln, mit Salz und Pfeffer einreiben. Gemüse putzen und in feine Ringe bzw. Scheiben schneiden. Butterschmalz erhitzen, Gemüse zugeben und kurz andünsten. Filets darauf legen, Riesling angießen, etwa 15 Minuten garen. Inzwischen die Krebse mit dem Kopf zuerst in sprudelnd kochendes Salzwasser mit Zwiebelscheiben, Lorbeerblatt, Kümmel und Petersilie geben, etwa 5 Minuten ziehen lassen. Die Krebse herausnehmen, etwas abkühlen lassen, dann aus der Schale brechen. Die Krebsschwänze sollen dabei mit dem Körper verbunden bleiben.

Gare Filets auf eine vorgewärmte Platte legen und warm stellen. Fischsud durch ein Sieb gießen, etwa um die Hälfte einkochen. Feingehobelte Trüffeln zugeben, etwas einkochen lassen. Gut gekühlte Butter rasch unter die Soße schlagen, mit Salz und Pfeffer abschmecken. Das Forellenfilet auf vorgewärmten Tellern anrichten, etwas Soße darüber ziehen, jeweils 3 Krebse an den Tellerrand legen.

Gefüllte Forelle Kirnitzschtal

4 Forellen, Salz, Pfeffer, Zitrone, 200 g Zwiebeln, 1 Bund Petersilie, 2 Bund Schnittlauch, 20 g frischer Salbei, 400 g Champignons, 50 g Mehl, 200 g Butter.

Die ausgenommenen und gewaschenen Forellen trockentupfen, innen und außen mit Salz, Pfeffer und Zitronensaft würzen. Für die Füllung Champignons in dünne Scheiben und die Zwiebel in Würfel schneiden. Die fein gehackten Kräuter untermischen, mit Salz, Pfeffer und Zitronensaft würzen. Die Forellen füllen, zustecken, mehlieren und in Butter braten. Dabei öfters übergießen. Die Forellen mit Petersilienkartoffeln und frischem Salat servieren.

DAS WILD SPRINGT VOR DEN SCHLÖSSERN AUF UND AB

Die Jagd und der Verzehr von Wildbret gehörten in früheren Zeiten zu den Vorrechten des Adels. Dieser schien zum Wildessen geboren, während sich die Bauern mit den Feldfrüchten begnügen sollten. Auch fast alle sächsischen Kurfürsten und späteren Könige waren begeisterte Jäger. Der sächsische Untertan hingegen hatte in der Regel das Nachsehen. Erst mit der bürgerlichen Küche fanden Wildgerichte eine weitere Verbreitung, bis heute aber sind sie etwas Besonderes geblieben.

Moritzburger Fasan (Foto)

Für den Braten:
2 Fasane, Salz, schwarzer Pfeffer,
2 Fasanenlebern, 150 g Butter,
3 Wacholderbeeren, 200 g Speck,
½ Liter Fleischbrühe,
2 Essl. Sherry, 1 Essl. Stärkemehl.
Außerdem:
500 g Linsen, 100 g Sellerie,
2 Zwiebeln, 150 g Speck,
3 Essl. Mehl, ½ Liter Fleischbrühe,
Salz, 4 Essl. Weinessig,
2 Essl. Honig, 2 Gewürzgurken.

Die Linsen über Nacht einweichen. Sellerie und Zwiebeln grob zerkleinern und dazugeben. Linsen zum Kochen bringen und bei mittlerer Hitze etwa 1 Stunde garen. Den Speck würfeln und auslassen, dann zu den Linsen geben. Im Speckfett das Mehl hellbraun anschwitzen, die Brühe angießen, glatt rühren und aufkochen. Salz, Essig und Honig zufügen. Die Soße zu den Linsen geben, kurz aufkochen. Gurken würfeln und zugeben.

Die Fasane mit Salz und Pfeffer einreiben. Die Lebern fein hacken, salzen und mit Butter sowie zerriebenen Wacholderbeeren verarbeiten. Das Innere der Fasane damit ausstreichen. Speck in 4 Scheiben schneiden und auf die Fasanenbrüste binden. In einem geschlossenen Bräter im vorgeheizten Backofen bei 180 ºC beidseitig je 10 Minuten braten. Brühe und Sherry angießen.

Rehkeule *(Foto)*

**1 Rehkeule, 2 Essl. Salz,
250 g Speck, 1 Essl.
geriebenes Schwarzbrot,
3 Essl. Öl, 50 g Butter,
½ Liter saure Milch oder Sahne,
10 g Brühpulver, 1 Essl. Mehl.**

Die vorbereitete Keule klopfen, mit Salz einreiben und mit ¾ des gestiftelten Specks spicken. Butter zergehen lassen und restlichen Speck zufügen. Das Fleisch mit dem Schwarzbrot bestreuen, mit dem stark erhitzten Öl übergießen und anbraten. Nach 10 Minuten die saure Sahne darüber gießen. Bei Mittelhitze 1 ½ bis 2 Stunden braten. Fleisch dabei öfters mit Bratensaft begießen. Zum Schluss die Soße mit Brühpulver und in Wasser verrührtem Mehl sämig werden lassen.

Moritzburger Wildschweinschnitzel

**4 bis 6 Wildschweinschnitzel
aus der Keule, 75 g Butter,
2 Essl. Johannisbeerkonfitüre,
6 Essl. gehackte Gewürzgurke,
1 Teel. Mehl, ¼ Liter saure
Sahne, Salz, Pfeffer,
Wacholderbeeren,
1 großes Glas Weinbrand.**

Vom ausgelösten Keulenfleisch Schnitzel schneiden, leicht klopfen und beidseitig mit grob gemahlenem Pfeffer einreiben und leicht salzen. In zerlassener, mit etwa 10 zerdrückten Wacholderbeeren gewürzter Butter auf beiden Seiten saftig braten, dann warm stellen. Im Bratfett die gehackten Gurken anschwitzen, nochmals pfeffern. Konfitüre zugeben, mit Mehl bestäuben und mit Weinbrand ablöschen. Saure Sahne zugeben, kurz aufkochen lassen. Diese Würzmischung über die Wildschweinschnitzel geben.

Hirschragout

**800 g Hirschklein, 100 g Zwiebeln,
Petersilienwurzel, Sellerielaub,
Lorbeerlaub, Pfefferkörner,
Wacholder, Essigbeize, Thymian,
Nelke, Salz, Pfeffer, 150 g Speck,
⅛ Liter Rotwein, ¼ Liter Brühe,
150 g Sellerie, 150 g Möhren,
Soßenpfefferkuchen,
50 g saure Sahne, Zucker,
etwas Butter, 100 g Saftschinken,
einige Johannisbeeren.**

Hirschfleisch in Stücke schneiden und mit Zwiebel und Gewürzen in einen Topf schichten. Mit Essigbeize begießen. Mindestens einen Tag ziehen lassen. Dann das Fleisch herausnehmen, abtropfen lassen, würzen und mit dem zerlassenen Speck kräftig anbraten. Mit Rotwein ablöschen, Brühe und einen Teil der Essigbeize auffüllen. Sellerie und Möhren würfeln und andünsten. Das gare Ragout abschmecken, das Gemüse mit Fond dazugeben. Aus dem Bratenfond mit Soßenpfefferkuchen und saurer Sahne die Soße bereiten. Mit Rotwein, Essig, Pfeffer und einer Prise Zucker abschmecken. Beim Anrichten die in Butter geschwenkten Kochschinkenstreifen darüber geben und Johannisbeeren aufsetzen.

Sächsischer Rehbraten

Das Rehfleisch häuten, abspülen und trockentupfen. Den Speck in Streifen schneiden. Fleisch damit spicken, dann mit Salz und Pfeffer einreiben. Margarine erhitzen, Fleisch rundum anbraten. Mit ¼ Liter heißem Wasser ablöschen. Zugedeckt im Ofen ca. 90 Minuten bei 220 °C schmoren. Dann Fleisch herausnehmen und warm stellen. Den Bratenfond mit ¼ Liter heißem Wasser loskochen und durch ein Sieb gießen. Das Mehl mit Wasser verquirlen und in den Fond rühren. Kurz aufkochen lassen, dann Topf vom Herd nehmen und das Preiselbeergelee und die saure Sahne einrühren. Mit Salz und Pfeffer abschmecken. Fleisch in Scheiben schneiden, etwas Soße angießen. Dazu Apfelrotkraut und Kartoffelkroketten reichen.

Für den Braten:

1,5 kg Rehfleisch, Salz,
80 g Speck, 60 g Margarine,
schwarzer Pfeffer.

Für die Soße:

2 Essl. Mehl,
3 Teel. Preiselbeergelee,
⅛ Liter saure Sahne,
Salz, schwarzer Pfeffer.

Gefüllte Täubchen *(Foto)*

4 Täubchen, 1 Essl. Salz,
3 Essl. Butterschmalz.
Für die Füllung:
1 Semmel, die Innereien oder
50 bis 100 g Geflügelleber,
40 g Fett, 8 Essl. saure Sahne,
½ Essl. Kartoffelmehl, 1 Ei, Salz,
3 Essl. gewiegte Petersilie.

Die Tauben innen und außen mit Salz einreiben. Für die Füllung die Semmel in Milch einweichen und ausdrücken. Die Innereien oder die Geflügelleber sowie die Petersilie fein wiegen. Zerlassenes Fett in einer Schüssel schaumig rühren und mit den Innereien, der Semmel sowie den übrigen Zutaten vermischen. Mit Salz abschmecken.

Die Tauben mit der Masse füllen, verschließen, mit dem erhitzten Butterschmalz übergießen und etwa 35 bis 50 Minuten in der Röhre braten lassen.

Wildschweinbraten

2 kg Wildschwein (Keule),
60 g Bratfett, 2 Zwiebeln,
¼ Liter Rotwein,
1 bis 2 Essl. Mehl,
3 Essl. Johannisbeergelee,
Pfeffer, Salz.

Das vorbereitete Fleisch mit Salz und Pfeffer würzen. In heißem Fett kurz anbraten, heißes Wasser und die Hälfte des Rotweins auffüllen, unter häufigem Begießen das Fleisch garen. In den letzten 15 Minuten die grob zerkleinerte Zwiebel mitdünsten. Soße mit etwas Mehl binden. Den restlichen Rotwein und das Johannisbeergelee in die Soße rühren, nochmals erhitzen und mit Salz und Pfeffer abschmecken.

Hasenpfeffer

2 mittelgroße Hasen,
100 g Speck, Gänsefett,
1 Dose Champignons, Mehl,
3 kleine Zwiebeln, Butter.
Für die Marinade:
herber Rotwein, 1 große Zwiebel,
2 Knoblauchzehen, 1 Lorbeerblatt,
2 Nelken, 5 Wacholderbeeren,
1 gehäufter Teel. Salz, Pfeffer,
6 Essl. milder Essig,
je 1 Messerspitze Petersilie,
Thymian, Rosmarin.

Zunächst die Marinade aus den angegebenen Zutaten herstellen und die Hasen darin mindestens 12 Stunden und bis zu 2 Tagen einlegen. Die Hasen aus der Marinade nehmen, abtrocknen, portionieren, dabei Leber und Herz entnehmen. Hasenstücke im Gänsefett kräftig anbraten, einige Speckstreifen und die Zwiebeln zugeben.

Mehl überstreuen und anbräunen. Dann die Marinade (ohne Kräuter) über die Hasenstücke geben. Eventuell Rotwein nachfüllen. Champignons zufügen. Zugedeckt im Backofen bei schwacher Hitze etwa 3 Stunden schmoren. Soße mit Mehl etwas andicken. Vor Bratende das Herz und die fein gehackte Leber in den Bräter geben.

DES STARKEN AUGUSTS LIEBLINGSSPEISE

*Mehl- und Eierspeisen gehören zur bodenstän-
digen Küche unbedingt dazu. Schon seit dem
17. Jahrhundert gibt es die sächsische Vorliebe
für Gerichte, die mit Mehl zubereitet werden.
Erstklassiges Getreide wuchs auf den Feldern,
wurde zu feinem, weißem Mehl verarbeitet.
Daraus entstanden Eierkuchen in vielerlei
Gestalt, bezuckerte Quarkkeulchen, Arme
Ritter und vieles mehr. Der Ruf, das Süße über alles
zu schätzen, eilt den Sachsen schon seit Ende des
18. Jahrhunderts voraus. Seitdem gelten sie als die
Naschkatzen in Deutschland.*

Eierkuchen

**½ Liter Milch,
250 g Mehl,
2 Eier, Salz,
Bratfett, Zucker.**

Milch, Eier, Salz und Mehl zu einem glatten Teig verquirlen. Etwas Bratfett im Tiegel erhitzen, eine Kelle Teig hineingeben und breit laufen
lassen. Eierkuchen auf der Unterseite goldgelb backen, dann wenden,
dabei noch etwas Bratfett zugeben. Die fertigen Eierkuchen mit Zucker
bestreuen, aufrollen und mit Apfelmus servieren.

Eierkuchen mit Parmesan *(Foto)*

**½ Liter Milch, 3 Eier, Salz,
8 Essl. Mehl, Parmesan,
Butter oder Öl.**

Milch, Eier und Mehl verquirlen und in eine Pfanne mit heißer Butter oder
Öl gießen. Boden nur dünn mit Teig bedecken. Den Eierkuchen einmal in
der Pfanne wenden, dann den frischen Parmesankäse aufstreuen. Eierkuchen aufrollen und heiß servieren. (Leibgericht Augusts des Starken)

FRISCHBACKEN UND SÜSSDUFTEND

Quarkkeulchen sind eine sächsische Spezialität. Mit Zucker bestreut und mit Apfelmus serviert, sind sie an Köstlichkeit kaum zu übertreffen. Der Volks- und Jugendschriftsteller Gustav Nieritz erinnerte sich um 1800 bereits voller Begeisterung an die „goldene Zeit der Käsekeulchen".

Quarkkeulchen *(Foto)*

1 kg Pellkartoffeln, 100 g Rosinen, 500 g Quark, 150 g Mehl, 90 g Zucker, 2 Eier, 1 Teel. Salz, 1 Teel. Backpulver, ½ Essl. abgeriebene Zitronenschale, Öl.

Kartoffeln pellen und zerstampfen. Rosinen überbrühen und etwa 5 Minuten quellen lassen. Den Kartoffelbrei mit gesiebtem Mehl bestäuben. Die anderen Zutaten zugeben und einen Teig kneten, zuletzt die Rosinen zugeben. Zwei Rollen formen und fingerdicke Scheiben abschneiden. In heißem Öl goldgelb backen, mit etwas Zimt und Zucker bestreuen und mit Apfelmus servieren.

Quarkkeulchen ohne Kartoffeln

500 g Quark, 150 g Mehl, 4 Eier, 2 Päckchen Vanillezucker, 100 g Rosinen, Margarine.

Quark, Eigelb und Vanillezucker verrühren. Vorsichtig das Mehl sowie den geschlagenen Eischnee sowie die Rosinen unterrühren. Masse portionsweise beidseitig goldgelb braten und mit Zimtzucker, Apfelmus oder Früchten servieren.

Quarkklöße

250 g Magerquark, 200 g Grieß, 100 g Margarine, 3 Eier, 1 bis 2 Essl. Speisestärke, Salz, Muskat.

Die Margarine mit dem Eigelb schaumig rühren. Den Quark löffelweise zugeben, mit einer Prise Salz und etwas Muskat abschmecken. Den Grieß einstreuen, gut verarbeiten, alles etwa 1 Stunde quellen lassen. Das Eiweiß steif schlagen und zusammen mit der Speisestärke unter die Masse heben. In einem Topf Wasser zum Kochen bringen, leicht salzen. Vom Quarkteig kleine Klöße abstechen und in das kochende Salzwasser geben. 10 bis 12 Minuten ziehen lassen, dabei nicht mehr kochen. Herausnehmen, gut abtropfen lassen. Mit Zucker und Zimt bestreuen, dazu Kompott reichen.
Hinweis: Die Quarkklöße schmecken auch als Beilage zu Fleisch- und Gemüsegerichten.

LIEBESSPEISEN

In der Barockzeit wurde viel über Liebestränke und Liebesspeisen diskutiert, in der Literatur finden sich absonderliche Rezepte. Die barocke Küche mit ihren exotischen Genüssen wie Austern, Pistazien, Trüffeln, Schokolade oder Tee dürfte schon ihre Wirkung getan haben. Der Gräfin Cosel wird das folgende Rezept für gebackene Sultaninen zugeschrieben. Da das tragische Schicksal der Mätresse Augusts des Starken bekannt ist, muss zumindest eine langanhaltende Wirkung dieser Liebesspeise angezweifelt werden.

Anna Constanze Gräfin von Hoym, bekannt als Gräfin Cosel

Gebackene Cibeben

Große Rosinen, Mehl, Ei, Weißwein, Olivenöl.

Besonders große Rosinen werden auf Holzstäbchen gespießt und in einen zähflüssigen Teig aus Mehl, einem Ei und einer Tasse Weißwein getaucht. Dann die Rosinen-Spieße in heißem Olivenöl backen.

Dampfnudeln *(Foto)*

500 g Mehl, 30 g Hefe, ⅜ Liter Milch, 75 g Zucker, 1 Ei, 150 g Butter, Salz, Zitronenaroma.

Mehl in eine Schüssel sieben, in die Mitte eine Vertiefung drücken, die Hefe einkrümeln. Mit 1 Essl. Zucker und etwa 4 Essl. lauwarmer Milch verrühren. Schüssel mit einem Tuch abdecken und etwa 15 Minuten an einen warmen Ort stellen. Zu dem Vorteig etwa ⅛ Liter lauwarme Milch, 50 g Zucker, 80 g Butter, ein Ei, etwas Zitronenaroma und eine Prise Salz geben.

Alles kneten, bis sich der Teig vom Schüsselrand löst. Eine Teigkugel formen, mit einem Tuch bedecken und an einer warmen Stelle gehen lassen, bis der Hefeteig etwa die doppelte Größe erreicht hat. In einem Koch- oder Bratgefäß die restliche Butter, den Zucker, ⅛ Liter Milch und ⅛ Liter Wasser mit einer Prise Salz leicht erwärmen. Vom Hefeteig kleine Kugeln formen, nebeneinander in das Gefäß mit der erwärmten Flüssigkeit legen, nochmals mit einem Tuch abgedeckt 10 Minuten gehen lassen.

Dann das Gefäß mit einem Deckel fest verschließen und die Nudeln bei mittlerer Hitze 30 Minuten garen, bis sie oben zartgelb sind und unten eine bräunliche Zuckerkruste haben. Sofort servieren. Dazu Kompott oder Vanillesoße reichen.

WIEDER ENTDECKT: SOLEIER

Soleier konnte man in früherer Zeit auf jedem Markt kaufen, später kamen sie dank modernerer Möglichkeiten zur Konservierung aus der Mode. Seit

einiger Zeit jedoch erfreuen sie sich wieder zunehmender Beliebtheit - wie es heißt, besonders bei den Männern. In Gaststätten, die sächsische Küche anbieten, kann man Dresdner Soleier mit etwas Glück auf der Speisekarte finden. Mit dem folgenden Rezept lassen sie sich auch zu Hause zubereiten.

Die Dresdner „Eierhanne"

Saure Eier

Für die Soße:
150 g Butter, 3 Essl. Mehl, knapp ¼ Liter Milch, 3 Essl. Essig, Salz, Zucker.
Außerdem:
8 Eier, Salz.

Für die Soße das Mehl in der Butter anschwitzen. Mit Milch ablöschen und aufkochen. Unter ständigem Rühren noch etwas köcheln lassen, bei Bedarf etwas Milch oder Wasser zugeben. Mit Essig, Salz und Zucker süßsauer abschmecken. Während die Soße köchelt, 2 Liter Wasser aufkochen und salzen. Einen Schuss Essig hineingeben. Die Eier nacheinander aufschlagen und in einem Schöpflöffel ins kochende Wasser gleiten lassen. 4 bis 5 Minuten in der heißen Flüssigkeit gar werden lassen. Eier vorsichtig herausnehmen, in eine Schüssel legen und mit der Soße übergießen. Dazu Salzkartoffeln reichen.

Dresdner Soleier

1 Zwiebel, 8 Eier, Salz, 1 gestrichener Teel. Currypulver, ½ Teel. zerdrückte Kümmelkörner, 4 Essl. Öl, 1 gestrichener Teel. Paprikapulver, ½ Teel. Cayennepfeffer, 1 Teel. scharfer Senf.

Die Zwiebel schälen und in Scheiben schneiden. Die Eier in 1 Liter Wasser mit den Zwiebelscheiben, 2 Essl. Salz und dem Currypulver 12 Minuten kochen, dann abkühlen lassen. Die Eierschalen andrücken, aber nicht abschälen. Das Wasser mit dem Kümmel erneut aufkochen, die Eier einlegen und 24 Stunden stehen lassen. Eier schälen und halbieren. Eigelb herausnehmen und mit den übrigen Zutaten - Öl, Paprikapulver, Cayennepfeffer und Senf - verrühren. Masse in die Eihälften füllen. Dazu „Butterbemmen" reichen.
Hinweis: Wer die Soleier länger aufbewahren möchte, muss den Salzanteil der Sole auf 4 bis 6 Essl. pro Liter erhöhen.

Gebackene Apfelringe

Die Kerngehäuse der Äpfel mit dem Apfelausstecher entfernen. Äpfel schälen und in 1 cm dicke Scheiben schneiden. Mit Puderzucker bestäuben und mit Zitronensaft beträufeln. Für den Teig Mehl, Öl, Salz, Speisestärke, Eigelb, Zucker und Milch zu einem Teig verarbeiten. Das Eiweiß steif schlagen und unterheben. Teig 10 Minuten ruhen lassen. Margarine erhitzen, Apfelringe durch den Teig ziehen und im heißen Fett goldbraun backen. Mit Zucker und Zimt bestreuen und heiß servieren.

4 große Äpfel, 1 Essl. Puderzucker, 2 Essl. Zitronensaft.
Für den Teig: 100 g Mehl, 1 Essl. Öl, 1 Prise Salz, 1 Eigelb, 1 Essl. Speisestärke, 30 g Zucker, 200 ml Milch, 1 Eiweiß.
Zum Ausbacken: Margarine.

Arme Ritter

Das entrindete Weißbrot in der Sahne einweichen. Ei verquirlen und das Weißbrot damit bestreichen. Brot in Semmelmehl wenden und in Butter braten. Mit Zimt und Zucker bestreuen.

4 Scheiben Weißbrot, 1 Ei, ¼ Liter süße Sahne, Butter, Semmelmehl, Zucker, Zimt.

Eierkuchen mit Schokoladensoße

Mehl und Puderzucker in eine Schüssel sieben. Eigelbe, Ei, Salz, Milch, Sahne und Mineralwasser zufügen, alles zu einem glatten Teig verarbeiten. Eine Stunde ruhen lassen. Die Kuvertüre mit der Sahne im Wasserbad schmelzen. In einer kleinen Pfanne in nur wenig Butter 12 hauchdünne Eierkuchen backen. Zu Vierteln zusammenlegen. Den Likör in die Soße rühren, mit Zimt und Nelkenpulver abschmecken. Jeweils drei Eierkuchen auf einen Teller legen, mit Puderzucker bestreuen und Soße dazugeben.

Für den Teig: 100 g Mehl, 1 Ei, 40 g Puderzucker, 2 Eigelb, 1 Prise Salz, ¼ Liter Milch, 100 g Sahne, 6 Essl. Mineralwasser, 75 g Zartbitter-Kuvertüre, 6 Essl. Sahne.
Zum Ausbacken: 40 g Butter, 4 cl Orangenlikör, 1 Prise Zimt, 1 Prise gemahlene Nelke.
Zum Bestreuen: 2 Essl. Puderzucker.

DRESDNER STOLLEN UND MEISSNER QUARKTORTE

Guter Kuchen wird in Dresden seit langem in Masse gebacken. Schon oft habe er sich gewundert, schrieb 1833 der Dresdner Journalist Hermann Günther Meynert (Janus), wie sich in dieser Stadt eine solche Unzahl von Konditoreien zu erhalten vermag. „Diese bestehen hier wirklich in einem fabelhaften Überflusse, und selbst in den ersten Lebe- und Luxusstädten habe ich, im Verhältnisse, kaum die Hälfte derselben vorgefunden." Die hiesigen Bäcker waren wohl besonders einfallsreich, jedenfalls „erfanden" sie eine unglaubliche Anzahl von Kuchensorten.

Dresdner Mandelstollen (Foto)

500 g Weizenmehl, 40 g Hefe, ¼ Liter Milch, 100 g Zucker, 200 g Butter, 1 Ei, 2 Eigelb, 150 g geriebene süße Mandeln, 8 geriebene bittere Mandeln, abgeriebene Schale von ½ Zitrone und ½ Orange, ½ Teel. Salz, 80 g Butter, 100 g Puderzucker.

Aus den Zutaten einen Hefeteig bereiten und gut durchkneten. Etwa 1 Stunde gehen lassen. Wenn sich der Teig verdoppelt hat, einen Stollen formen und nochmals 30 Minuten gehen lassen. Auf ein gefettetes Backblech legen und bei 190° C ca. 55 Minuten backen. Während des Backens mehrmals mit zerlassener Butter bestreichen. Den noch warmen Stollen dick mit Puderzucker bestreuen.

DRESDNER STRIEZELMARKT

Der Dresdner Striezelmarkt ist wohl der älteste Weihnachtsmarkt in Sachsen - schon seit 1443 wird er abgehalten. Anfangs wurden lediglich Striezel verkauft. Die Dresdner kamen auf den Geschmack, so dass der Markt wuchs und wuchs. Zunächst kamen die Striezel vor allem von Bäckern aus Dippoldiswalde und Siebenlehn nach

Weihnachtsmarkt in Sachsen um 1900

Dresden, doch die hiesigen Bäcker zogen nach. Allmählich trugen die Striezel nun die Etiketten großer Dresdner Bäckereien und wurden nicht mehr nur auf dem Striezelmarkt verkauft. Gut verpackt reisten sie in aller Herren Länder – das ist auch heute so.

Dresdner Weihnachtsstollen

2,5 kg Mehl, 175 g Hefe, etwa ¾ Liter Milch, 500 g Zucker, 4 Päckchen Vanillezucker, 35 g Salz, abgeriebene Schale von 1 bis 2 Zitronen, 100 bis 200 g Schmalz, 1 kg Schmelzmargarine, 150 g Zitronat, 80 g bittere Mandeln, 200 g süße Mandeln, 1 bis 1,5 kg Sultaninen, 250 g Korinthen, Rum oder Weinbrand, Butter, Zucker, Vanillezucker, Puderzucker.

Am Abend vor dem Backen die vorbereiteten Sultaninen und Korinthen mit Rum oder Weinbrand beträufeln. Die übrigen Zutaten in einen warmen Raum stellen. Am Backtag das Mehl in eine Schüssel sieben, eine Vertiefung eindrücken und darin die mit etwas handwarmer Milch verrührte Hefe zu einem Vorteig verarbeiten. Etwa 15 Minuten gehen lassen. Danach Zucker, Gewürz, Fett, Margarine, geraspeltes Zitronat und geriebene Mandeln sowie warme Milch untermengen, dann Sultaninen und Korinthen zugeben. Gut durchkneten und mindestens 2 Stunden warm gehen lassen. Dann den Teig zusammenstoßen, durchkneten und in ein oder anderthalb Kilo schwere Stücke aufteilen.

Die Stücke länglich formen, längs einkerben. Auf einem gebutterten und leicht bemehlten Backblech nochmals 30 Minuten gehen lassen, dann bei guter Mittelhitze backen. Stollen abkühlen lassen, mit zerlassener Butter bestreichen und mit Zucker und Vanillezucker bestreuen. Dann nochmals buttern und mit Puderzucker bestreuen. Den Stollen mindestens eine Woche lagern.

Mohnstollen

Die Zutaten zu einem Hefeteig verarbeiten und so lange kneten, bis sich kleine Blasen bilden. Zugedeckt 30 bis 40 Minuten gehen lassen. Nochmals kräftig durchkneten und wieder 30 Minuten gehen lassen. Sultaninen in Rum einlegen. Die Sahne mit dem Zucker gut verrühren und einmal kurz aufkochen. Mohn, Vanillezucker, Grieß und Butter zugeben und aufwallen lassen. Nach etwa 4 Minuten die abgetropften Sultaninen, das Zitronat und die Haselnüsse zugeben, gut verrühren. Vom Herd nehmen, erkalten lassen. Dann das verquirlte Ei unterziehen.

Die Arbeitsfläche mit Mehl bestäuben, den Teig zu einem großen Rechteck ausrollen und die Füllung darauf verteilen. Die Teigplatte von beiden Längsseiten jeweils bis zur Mitte einrollen, an den Enden leicht zusammendrücken. Den Mohnstollen auf ein gefettetes Backblech legen und noch einmal 15 Minuten gehen lassen. Dann bei 180 °C 50 bis 60 Minuten backen. Den noch warmen Stollen mit flüssiger Butter bestreichen und mit Zucker und Puderzucker bestreuen.

Für den Teig:

500 g Weizenmehl, 40 g Hefe, ⅛ Liter Milch, 80 g Zucker, 150 g Butter, 1 Ei, 1 Prise Salz.

Für die Füllung:

200 g süße Sahne, 150 g Zucker, 250 g frisch gemahlener Mohn, 1 Päckchen Vanillezucker, 1 Ei, 1 Essl. Hartweizengrieß, 100 g Butter, 100 g Zitronat, 4 Essl. Rum, 50 g Sultaninen, 50 g gemahlene Haselnüsse.

DAS DRESDNER STOLLENFEST

Zwar ist das 1994 ins Leben gerufene Dresdner Stollenfest noch ziemlich jung, erfreut sich jedoch mit jedem Jahr wachsender Besucherströme. Der Höhepunkt des alljährlich am Sonnabend vor dem 2. Advent stattfindenden Festes ist der traditionelle Festumzug der Dresdner Bäcker und Konditoren. Blickfang ist dabei natürlich der tonnenschwere Riesenstollen. Auf einem eigens dafür angefertigten Wagen wird er durch die barocke Altstadt gefahren, auf dem Altmarkt vom Oberbürgermeister angeschnitten und in 500 g-Portionen an das esslustige Publikum verkauft. Historischer Hintergrund des Spektakels ist der 1730 gebackene Riesenstollen, den August der Starke anlässlich des Zeithainer Lagers anfertigen ließ, um dem Preußenkönig zu imponieren. Der bisher größte Dresdner Stollen wurde im Jahr 2000 gebacken und ging mit 4200 kg Gewicht, 4,75 m Länge, 1,75 m Breite und 0,90 m Höhe ins Guiness-Buch der Rekorde ein.

KUCHENLAND-MENTALITÄT

Einem Spruch aus dem 19. Jahrhundert zufolge machen die Sachsen ihre Eroberungen nicht mit Waffen, sondern mit Witz, nicht durch ihre Soldaten, sondern durch ihre Frauen, nicht mit Kugeln, sondern mit Kuchen, nicht mit Schießpulver, sondern mit Backpulver.

Dresdner Eierschecke *(Foto)*

Für den Teig:
500 g Mehl, 30 g Hefe,
¼ Liter Milch, 200 g Butter,
150 g Zucker,
1 Päckchen Vanillezucker,
1 kräftige Prise Salz.
Für den Belag:
150 g Butter, 8 Eier,
300 g Zucker, 1 kg Quark,
1 Päckchen Vanille-
Puddingpulver,
½ Teel. abgeriebene
Zitronenschale,
1 Prise Salz, 2 Essl. geriebene
Mandeln, darunter 2 bittere,
1 Essl. Stärkemehl,
4 cl Weinbrand.

Mehl in eine Schüssel sieben, in die Mitte eine Vertiefung drücken. Die zerbröckelte Hefe in etwas lauwarmer Milch mit 1 Teel. Zucker verrühren und in die Vertiefung gießen. Etwas Mehl überstreuen. Zugedeckt 30 Minuten gehen lassen. Dann Butterflöckchen, restlichen Zucker, Vanillezucker und Salz auf dem Mehlrand verteilen. Von der Mitte aus alles gut verkneten, dabei die restliche Milch zugeben. Den Teig so lange schlagen, bis er glänzt. Zugedeckt 1 Stunde gehen lassen. Dann den Teig zusammenschlagen, durchkneten und ausrollen. Backblech buttern und Teigplatte auflegen, dabei einen Rand andrücken.

Für den ersten Belag 100 g Butter schaumig schlagen. Dann Zucker, 3 Eier, Quark, Puddingpulver, Zitronenschale, Salz und Mandeln unterrühren. Die Masse auf den Teig geben.

Für den zweiten Belag 5 Eier mit dem restlichen Zucker, der restlichen Butter, dem Stärkemehl und dem Weinbrand verrühren. Im Wasserbad so lange schlagen, bis eine Creme entsteht. Creme über die Quarkmasse geben. Im vorgeheizten Backofen bei Mittelhitze etwa 45 Minuten backen. Vor zu starker Oberhitze schützen!

Dresdner Sahnekuchen

Für den Teig:
250 g Mehl, 100 g Butter oder Margarine, 1 Prise Salz, 1 Ei, ½ Teel. Backpulver.

Für den Belag:
100 g Butter oder Margarine, 100 g Zucker, 2 Eier, 50 g Mehl, 1 Prise Salz, 3 bis 4 Essl. Zitronensaft, abgeriebene Schale von ½ Zitrone, 1 Essl. Rum, 4 bis 5 bittere Mandeln, ½ Liter Milch.

Die Teigzutaten schnell verarbeiten, dann den Teig 30 Minuten kalt stellen. Teig ausrollen und eine Tortenform damit belegen. Den Rand sehr hoch ziehen. Für den Belag die Butter mit dem Zucker glatt rühren, Eier und Mehl zugeben. Mit einer Prise Salz, dem Zitronensaft und der Zitronenschale würzen. Nach Geschmack den Rum und die bitteren fein geriebenen Mandeln zufügen. Milch erhitzen, aber nicht kochen. Inzwischen den Kuchenboden in die Röhre schieben und 10 bis 15 Minuten vorbacken. Die erhitzte Milch in die Rührmasse gießen und schlagen, bis die Eiermilch ein wenig dickflüssiger wird. Schnell auf den vorgebackenen Tortenboden gießen und bei Mittelhitze noch 30 Minuten backen, bis der Belag schön fest und gebräunt ist.

Meißner Quarktorte (Foto)

125 g Butter oder Margarine, 6 Eier, 400 g Zucker, 1 Päckchen Vanillezucker, 1 Zitrone, 1 kg trockener Quark, 100 g Grieß, 1 Essl. Mehl, 1 Päckchen Backpulver, Salz, Butter, Staubzucker.

Die schaumig geschlagene Butter oder Margarine mit Eigelb, Zucker, Vanillezucker, abgeriebener Zitronenschale und Zitronensaft verrühren. Den Quark, den Grieß und das mit Backpulver gesiebte Mehl dazugeben und verrühren. Leicht gesalzenen steifen Eischnee unterheben. Torte in gefetteter Springform bei Mittelhitze etwa 60 Minuten backen. Danach mit zerlassener Butter bestreichen und mit Puderzucker besieben.

Dresdner Kuchen

125 g Butter oder Margarine, Salz, 150 g Zucker, 1 Päckchen Vanillezucker, 4 Eier, je 100 g Weizen- und Stärkemehl, ½ Päckchen Backpulver, 2 Essl. Rum, 50 g Schokolade, abgeriebene Apfelsinenschale, Rumglasur.

Butter, Salz, Zucker und Vanillezucker schaumig rühren. Nach und nach die Eier zugeben. Das mit Backpulver gesiebte Mehl einarbeiten. Zuletzt Rum, ein wenig abgeriebene Apfelsinenschale und die in kleine Würfel geschnittene Schokolade zugeben. Den Teig in eine gefettete und ausgestäubte Rehrückenform füllen und bei Mittelhitze mindestens 50 Minuten backen. Mit Rumglasur überziehen.

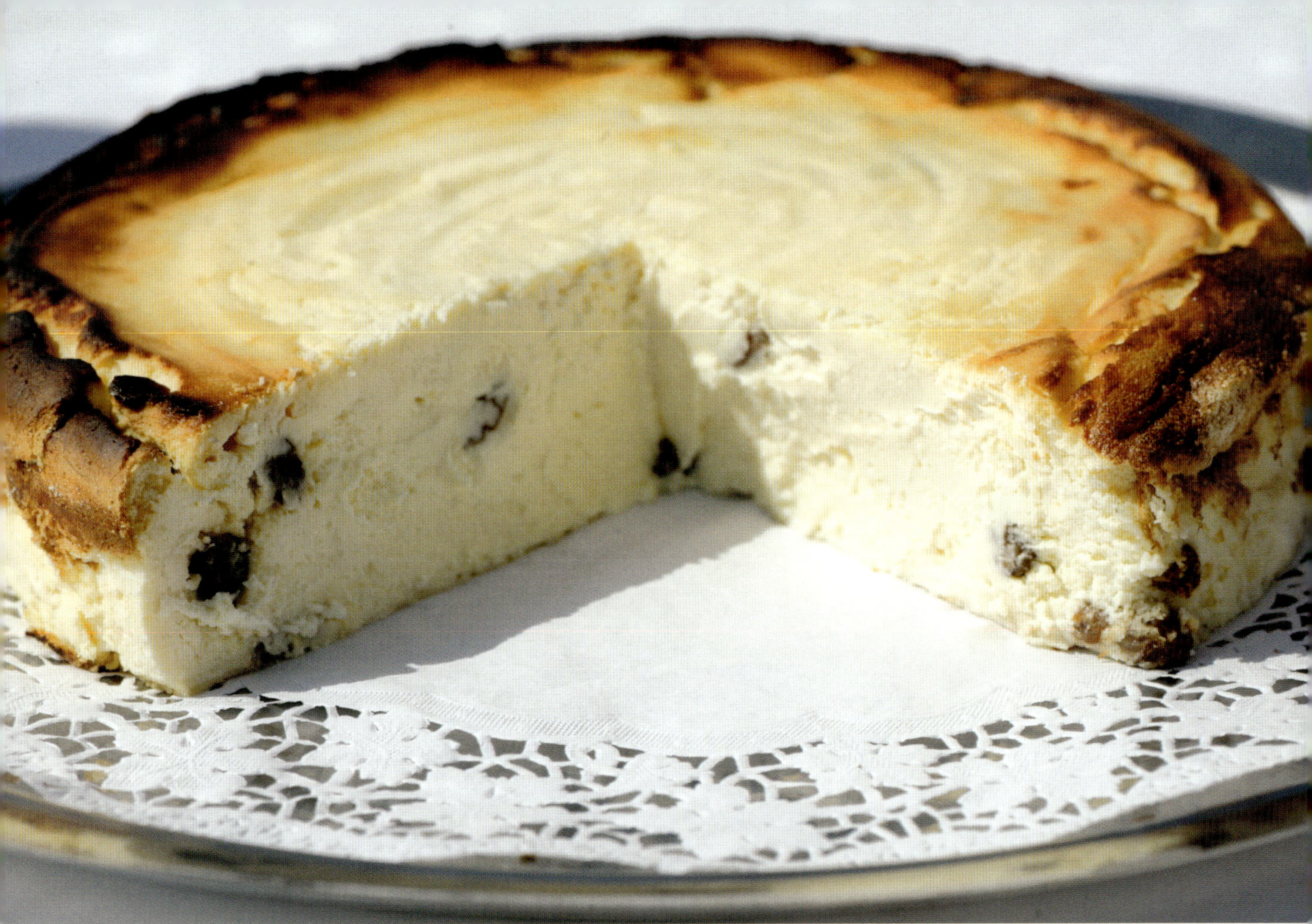
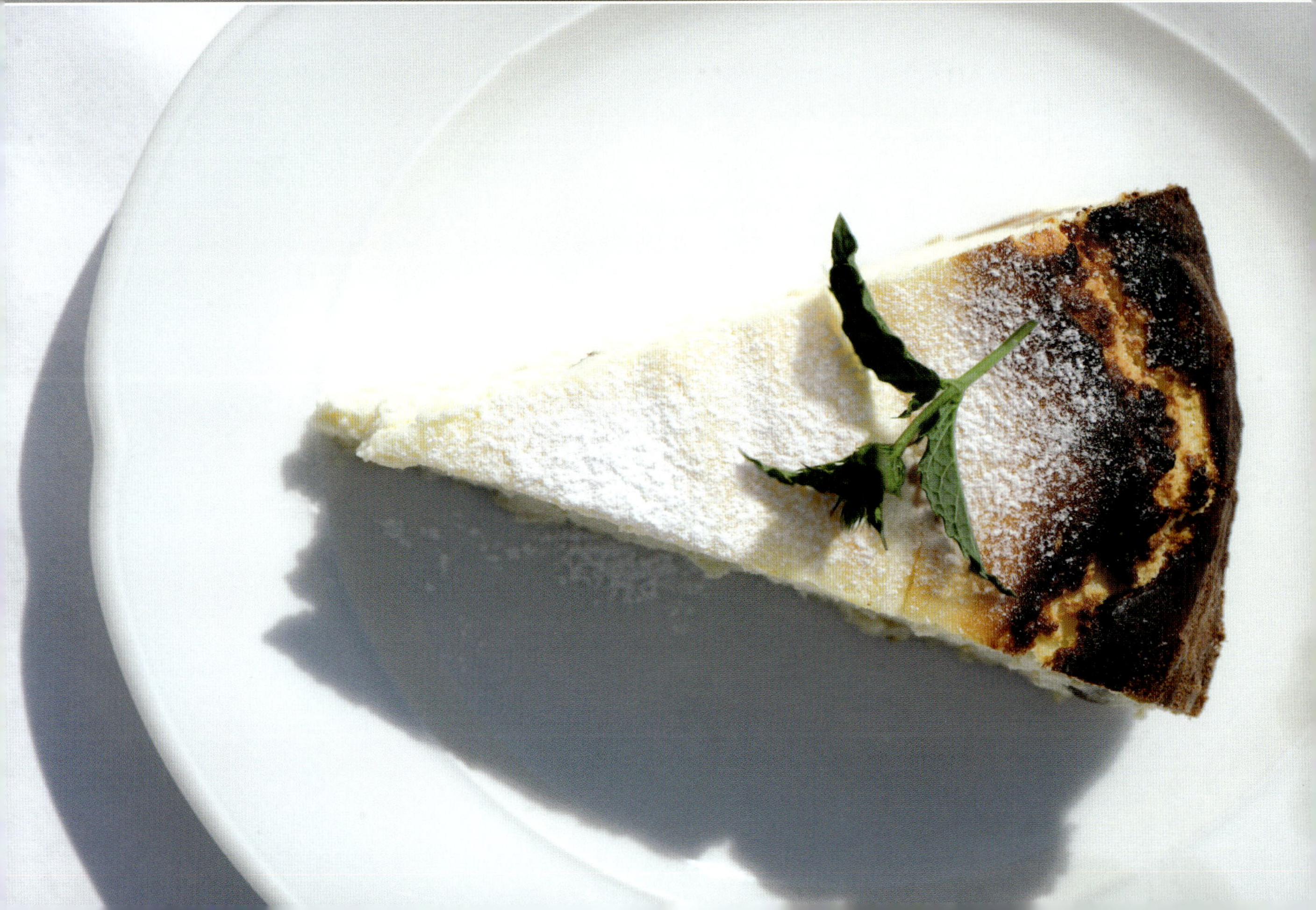

WAS IST PRASSELKUCHEN?

Als Erich Kästner 1957 seine Kindheitserinnerungen niederschrieb, musste darin natürlich - wie bei einem Dresdner nicht anders zu erwarten - auch der Kuchen eine Rolle spielen. Kuchen gab es zum Beispiel als Belohnung für gute Zensuren. „Die Zensuren waren, wie immer, vorzüglich", erinnert sich Kästner an seine ersten Schuljahre. „Und auf dem Nach-hausewege gingen wir in eine Konditorei, wo ich mit Bienenstich, Prasselkuchen und heißer Schokolade traktiert wurde." In Klammern fügt er hinzu: „Wißt ihr, was Prasselkuchen ist? Nein? Ach, ihr Ärmsten!"

Dresdner Prasselkuchen

Für den Teig:
250 g Mehl, 10 g Hefe,
80 g Zucker, ⅛ Liter Milch,
1 kräftige Prise Salz,
80 g Butterschmalz, 1 Teel.
abgeriebene Zitronenschale.

Für den Belag:
50 g Butter, ⅛ Liter Milch,
4 Essl. Zucker,
200 g Mandelblättchen.

Für die Streusel:
250 g Mehl, 200 g Zucker,
1 Päckchen Vanillezucker,
1 Messerspitze Zimt,
150 g Butter.

Für den Guss:
150 g Puderzucker.

Das Mehl in eine Schüssel sieben, dabei eine Vertiefung in die Mitte drücken. Die Hefe mit 1 Teelöffel Zucker und 4 Esslöffeln Milch verrühren und in die Vertiefung gießen, etwas Mehl überstäuben. Salz, Butterflöckchen, den rest-lichen Zucker und die Zitronenschale auf dem Mehlrand verteilen, zugedeckt 20 Minuten gehen lassen. Dann die Zutaten von der Mitte her vermengen und so lange kneten, bis sich der Teig vom Schüsselboden löst. Zugedeckt eine weitere Stunde gehen lassen.

Für den Belag Butter und Milch erhitzen, Zucker einrühren, Mandelblättchen zufügen. Unter Rühren 2 Minuten kochen.

Für die Streusel das Mehl in eine Schüssel sieben und mit Zucker, Vanille-zucker und Zimt vermischen. Butterflöckchen zugeben und alles zu Streuseln verarbeiten.

Teig zusammenstoßen, durchkneten und dünn ausrollen. Auf ein gebuttertes Backblech geben. Rand andrücken. Zuerst die ausgekühlte Mandelmasse ver-teilen, danach Streusel darüber geben. Nochmals 20 Minuten gehen lassen. Anschließend im vorgeheizten Backofen bei Mittelhitze 25 Minuten backen. Für den Guss Puderzucker mit 2 Essl. Wasser verrühren. Den heißen Prassel-kuchen damit bestreichen.

Dresdner Bienenstich

Die Hefe zerbröckeln, mit 1 Teel. Zucker, 1 Teel. Mehl und etwas lauwarmer Milch glatt rühren. Mehl in die Schüssel sieben, in die Mitte eine Vertiefung drücken. Den Vorteig hineingeben und etwa 15 Minuten gehen lassen. Während der Vorteig geht, Milch leicht erwärmen, Fett flüssig machen und alle anderen Zutaten leicht erwärmen. Den Vorteig mit dem Mehl vermischen, dann Butter und Milch dazugeben. Teig so lange schlagen, bis er sich von der Schüssel löst. Zugedeckt nochmals gehen lassen.

Für den Belag Butter und Honig unter Rühren erhitzen. Die Mandelblättchen zugeben, kurz durchkochen, unter Rühren abkühlen lassen, dabei löffelweise die Sahne zufügen. Eine gefettete Springform mit dem Hefeteig auslegen, nochmals 15 Minuten gehen lassen. Dann den Belag auf den Teig geben und bei 220 °C ca. 20 Minuten backen. Herausnehmen und abkühlen lassen. Den Pudding kochen, abkühlen lassen und die weiche Butter unterrühren. Den Bienenstich quer aufschneiden, mit Vanillepudding füllen, in Portionen teilen und frisch auftragen.

Für den Teig:
250 g Mehl, ½ Teel. Salz,
⅛ Liter Milch, 15 bis 25 g Hefe,
30 bis 40 g Zucker,
30 bis 40 g Butter.

Für den Belag:
100 g Butter, 125 g Honig,
200 g Mandelblättchen,
3 Essl. Sahne.

Für die Füllung:
½ Liter Milch, 1 Päckchen
Vanillepuddingpulver,
30 g Zucker, 125 g Butter.

Meißner Schaumgebäck

Das Eiweiß mit der Hälfte des Zuckers steif schlagen. Nach und nach den restlichen Zucker und den Kakao zugeben. Ein Backblech mit Backtrennpapier belegen. Masse in einen Spritzbeutel füllen und kleine Halbkugeln auf das Blech setzen. Im Backofen bei 80 °C eine reichliche Stunde trocknen lassen. Sahne erhitzen. Kuvertüre zerkleinern und zur Sahne geben. Im heißen Wasserbad schmelzen, dann kühl stellen. Mit dem Rührgerät schaumig schlagen. Füllung auf die flache Seite des Gebäcks streichen. Eine zweite Hälfte darauf setzen, leicht andrücken. Eine Stunde kalt stellen. Restliche Kuvertüre schmelzen. Jeweils eine Hälfte des Gebäcks in die Kuvertüre tauchen, dann in die Mandeln drücken.

8 Eiweiß, 500 g Zucker,
2 Essl. Kakao.

Für die Füllung:
4 Essl. Schlagsahne,
300 g halbbittere Kuvertüre,
250 g geröstete
Mandelsplitter.

CAFE KREUTZKAMM
IST WIEDER DA

Kreutzkamm gegründet 1825 in Dresden

Die Konditorei Kreutzkamm am Dresdner Altmarkt wurde besonders durch die Güte ihrer „Dresdner Christstollen" bekannt. Bereits 1825 hatte der damals 25-jährige Jeremias Kreutzkamm aus Quedlinburg eine Bäckerei mit Café in der Elbestadt eröffnet. Sein Sohn Heinrich Julius führte das Geschäft mit dem berühmten Café am Altmarkt fort und erhielt für seine hervorragenden Backkreationen sogar den Titel „Königlicher Hofkonditor". Beim Bombenangriff auf Dresden am 13. Februar 1945 wurde das Café zerstört, nach 1990 aber zur Freude der Dresdner am traditionsreichen Ort wieder eröffnet.

Sächsische Baumkuchentorte *(Foto)*

350 g Butter, 350 g Zucker,
4 Essl. Aprikosenlikör,
6 Eier, 200 g Mehl,
150 g Speisestärke,
¼ Liter Milch.
Für die Glasur:
35 g Kokosfett, 50 g Kakao,
250 g Puderzucker.
Zum Garnieren:
50 g gehobelte Mandeln,
1 Essl. Butter.

Butter und Zucker schaumig rühren. Den Likör und die Eier einarbeiten. Mehl mit Speisestärke gesiebt zugeben, mit der Milch zu einem glatten Teig rühren. Eine Springform (22 cm Durchmesser) mit Butter einfetten und eine dünne Lage Teig einfüllen, so dass der Boden bedeckt ist. Im vorgeheizten Backofen bei 200° C (nur Oberhitze) in wenigen Minuten goldbraun backen. Herausnehmen und die nächste Lage Teig hineingießen, glatt streichen und wieder backen. Diesen Vorgang wiederholen, bis man ca. 16 Schichten gebacken hat. Dann den Kuchen stürzen und auskühlen lassen.

Das Kokosfett erwärmen und mit 5 Essl. Wasser verrühren. Den Kakao und den Puderzucker zugeben und gut vermischen. Mit der Glasur den Baumkuchen bestreichen. Die Butter zerlassen, die Mandeln darin anrösten. Mit den Mandelsplittern garnieren.

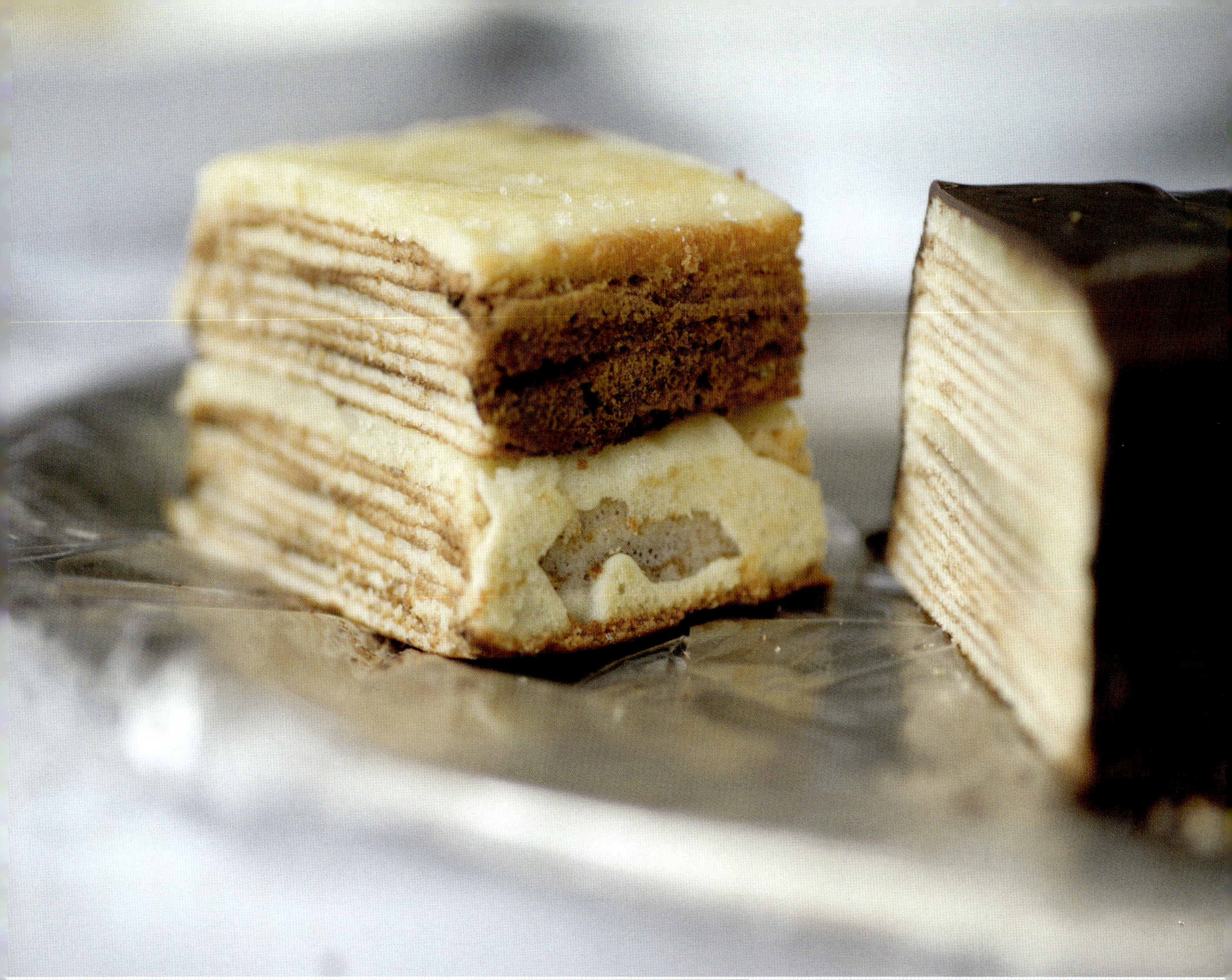
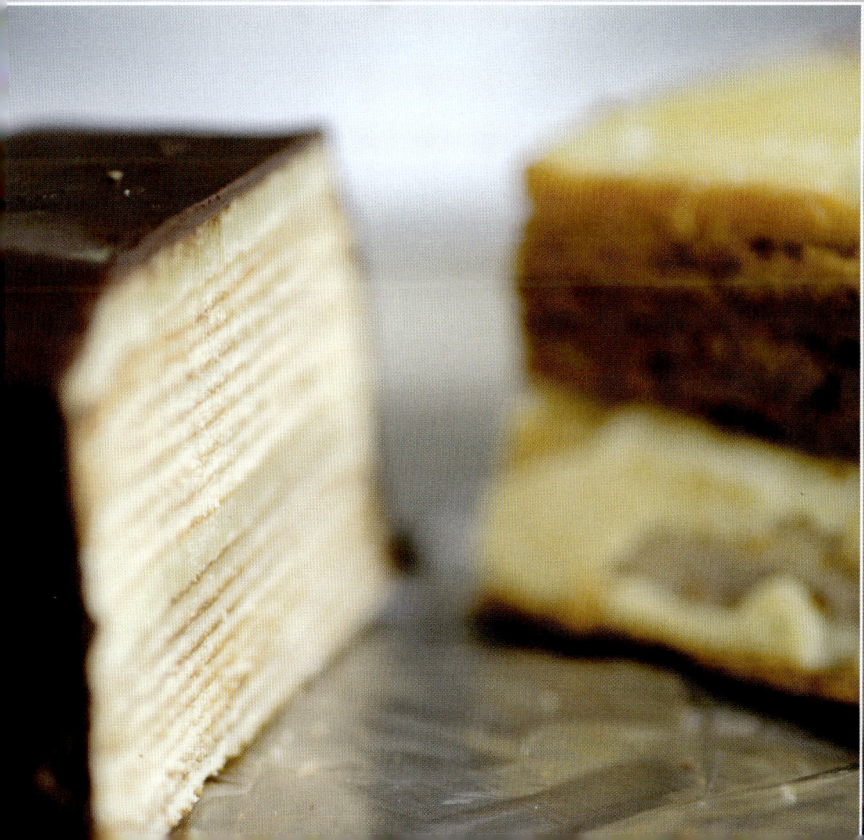
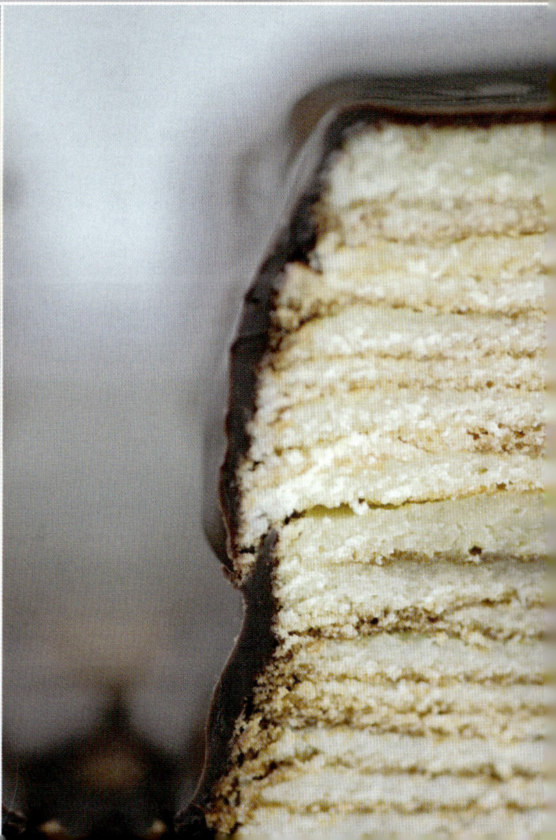

„CHOCOLAT" HEBT DIE STIMMUNG

Schokolade gehörte neben Kaffee und Tee zu den Modegetränken des 18. Jahrhunderts, die im Meissener Porzellan eine kostbare Hülle fanden. Am sächsischen Hof beliebt, verbreitete sich die Schokolade als Getränk schnell und wurde auch in der Küche vielseitig verwendet.

Bereits 1823 gründeten Jordan und Timaeus die erste Schokoladenfabrik Deutschlands in Dresden, 1839 stellten sie die erste Milchschokolade der Welt her. Um 1900 stand Dresden an der Spitze der Schokoladenproduktion Deutschlands.

Trinkschokolade

**100 g geriebene Schokolade,
1 Liter Milch, Zucker.**

Schokolade in die kalte Milch geben, zum Kochen bringen und nach Geschmack süßen.

Weinschokolade

**100 g Zucker, 30 g Kakao,
1 Flasche Rotwein, 1 Ei,
2 Gläschen Weinbrand.**

¼ Liter Wasser mit Zucker und Kakao verkochen, den Rotwein zugießen, das heiße Getränk mit Ei abziehen und mit Weinbrand verrühren.

Schokoladenpunsch

**30 g Kakao,
75 g Zucker,
¼ Liter Wodka oder Korn,
⅛ Liter Milch.**

Kakao und Zucker mischen, in der Milch verrühren und in ½ Liter kochendem Wasser aufwallen lassen. Alkohol zugießen, nochmals stark erhitzen, aber nicht mehr kochen. Nach Geschmack süßen.

DIE DUNKLEN DREI

Kaffee, Tee und Schokolade eroberten Europa gemeinsam. Die „dunklen Drei" nannte man die exotischen Getränke aufgrund ihrer Erscheinung: die Schokolade ist erdig, der Kaffee fast schwarz, der Tee bernsteinfarben. Sie waren teuer und edel, geheimnisvoll und dufteten nach fernen Welten. Und sie wirkten überraschend: Ganz anders als die bisher gekannten Getränke Bier und Wein trübten sie nicht die Sinne, sondern schärften sie. Die dunklen Drei regten an, machten munter, verbesserten die Laune.

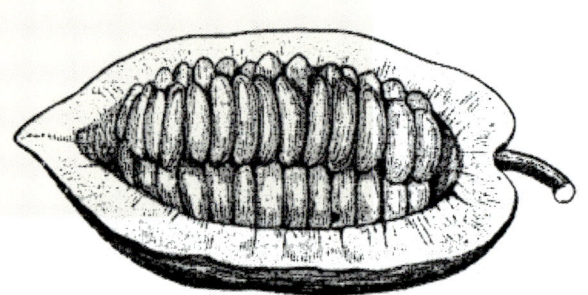

Schokoladenlikör

**150 ml Vollmilch,
100 g Kakao,
300 ml Zuckersirup,
1 Essl. Vanillezucker, 3 Eier,
300 ml Weinbrand.**

Die Milch kurz aufkochen, Kakao einrühren. Flüssigkeit in den Mixer geben und auf 35 °C abkühlen lassen. Zuckersirup, Vanillezucker und Eier zufügen, alles gut mischen. Dann unter ständigem Rühren tropfenweise den Weinbrand zufügen. Likör im Wasserbad auf 50 °C erwärmen, sofort in eine Karaffe füllen. Rasch verbrauchen.

Hinweis: Schokoladenlikör eignet sich auch sehr gut zum Mixen mit anderen Likören, z. B. Orangenlikör.

Eierkakao

**3 Eier, 75 g Zucker,
⅛ Liter Kaffeesahne,
30 g Kakao, 1 Liter Milch.**

Eier, Zucker, Sahne und Kakao im Wasserbad schaumig rühren. Nach und nach die heiße Milch zugießen.

Lukullus

**300 g Kokosfett, 125 g Zucker,
40 g Kakao, 2 bis 3 Eier,
½ Päckchen Vanillezucker,
rechteckige Kekse.**

Das Kokosfett schmelzen. Zucker, Kakao, Eier und Vanillezucker verrühren, das abgekühlte Fett tropfenweise zugeben. In eine mit Butterpapier ausgelegte Kastenform eine Schicht Schokoladenmasse streichen, dann Kekse auflegen. So fortfahren, bis die Masse aufgebraucht ist. Lukullus kalt stellen, dann aus der Form stürzen.

Schokoladenigel

Butter, Zucker und Gewürze verrühren. Nach und nach die Eier zugeben. Wenn die Masse glatt ist, Mehl und Backpulver übersieben. Während des Weiterschlagens die Milch zugießen. Den Teig in ovalen Förmchen bei Mittelhitze backen. Erkaltet stürzen, mit Schokoladenglasur überziehen und mit Mandelstiften bestecken.

Für den Rührteig:

150 g Butter oder Margarine, Salz,
100 g Zucker, Vanillezucker, 2 Eier,
200 g Weizenmehl, 50 g Stärkemehl,
½ Päckchen Backpulver, 4 Essl. Milch.
Außerdem:
Schokoladenglasur, 50 g Mandelstifte.

Trüffel *(Foto unten)*

Die Rosinen waschen, trockentupfen und mit 2 Essl. Rum übergießen. Die Sahne auf 30° C erwärmen, die zerkleinerte Kuvertüre zufügen und im heißen Wasserbad schmelzen. Kokosfett und Kaffeepulver zugeben und verrühren. Kalt stellen, bis die Masse am Rand fest wird.
Backblech fetten und mit Backtrennpapier belegen. Den restlichen Rum zur Trüffelmasse geben und schlagen, bis Spitzen stehen bleiben. Mit einem Spritzbeutel walnussgroße Häufchen auf das Blech setzen. Die abgetropften Rosinen hineindrücken, über Nacht kalt stellen. Für die Glasur die Vollmilchkuvertüre im heißen Wasserbad schmelzen und wieder etwas abkühlen. Die Trüffel in die Kuvertüre tauchen und mit Streuzucker verzieren. Kühl aufbewahren.

Für die Trüffel:

2 Essl. Rosinen, 8 Essl. Rum,
⅛ Liter süße Sahne,
300 g Zartbitterkuvertüre,
50 g Kokosfett,
1 Essl. lösliches Kaffeepulver.
Für die Glasur:
500 g Vollmilchkuvertüre,
Streuzucker.

LUXUS-PRALINE FÜR JEDERMANN

Der Dominostein, dieses beliebte Kleingebäck aus Lebkuchenteig, Marzipan und Kirschgelee mit Schokoladenüberzug, wurde 1936 vom Pralinenmacher Herbert Wendler in Dresden „erfunden". Er schuf damit ein Luxus-Naschwerk, das für breitere Schichten der Bevölkerung erschwinglich war. Gekonnt verknüpfte Wendler das Können Pulsnitzer Pfefferküchler mit dem Erfahrungsschatz Dresdner Zuckerbäcker und Pralinenmacher. Als während des Zweiten Weltkrieges die Rohstoffe knapp wurden, galt der Dominostein als „Notpraline". Heute führt Dr. Quendt die inzwischen weltweit beliebte Backtradition von Herbert Wendler weiter.

Schokoladenerdbeeren (Foto)

150 g Schokolade, 60 g Butter, große Erdbeeren.

Die zerkleinerte Schokolade und die Butter weich werden lassen, dann rühren, bis die Masse ausgekühlt ist. Die Erdbeeren in der Schokolade wälzen und trocknen lassen. Nach Belieben mit Schlagsahne reichen.

Schokoladenkonfekt

250 g Butter, 300 g Puderzucker, ½ Teel. Vanillezucker, 60 g Kakao, 50 g Mehl, 70 g Mandeln.

Die Butter zergehen lassen, Puderzucker, Vanillezucker, Kakao und Mehl zugeben. Alles auf kleiner Flamme verrühren, dann die Masse etwas abkühlen lassen. Die gerösteten und gemahlenen Mandeln zugeben und verrühren. Masse in kleine Förmchen füllen und erkalten lassen. Mit einer Stecknadel aus der Form stechen.

Schokoladenmakronen

4 Eiweiß, 200 g Zucker, 1 Päckchen Vanillezucker, 100 g Schokolade, 200 g Mandeln, Backoblaten.

Die Eiweiß zu steifem Schnee schlagen, Zucker und Vanillezucker zugeben und weitere 10 Minuten schlagen, bis die Masse dickschaumig ist. Die gerösteten und geriebenen Mandeln mit der Eiweißmasse und der geriebenen Schokolade vermischen. Auf Oblaten kleine Häufchen setzen und bei ca. 150 °C langsam backen.

Schokoladenschmätzchen

Für die Baisermasse: 4 Eiweiß, Salz, 180 g Zucker, ½ Päckchen Vanillezucker. Außerdem: 3 Essl. Kakao.

Zucker mit Kakao vermischen und unter den steifen Eischnee ziehen. Mit dem Spritzbeutel oder mit zwei Teelöffeln kleine Tupfen auf Backpapier setzen und bei milder Hitze im Backofen trocknen lassen.

Oberlausitz

*Die Lausitzer Küche ist so vielfältig wie
die Landschaft und zugleich bäuerlich-kräftig,
üppig und traditionsbewusst.*

Auf den Lausitzer Geschmack gekommen

Wer auf den Lausitzer Geschmack kommen möchte, sollte in viele verschiedene Kochtöpfe schauen - nicht nur in die sächsischen, sondern auch die schlesischen, böhmischen und sorbischen. Denn die Küche der Oberlausitz ist in vielfältiger Weise beeinflusst worden. Auch von hier einst ansässigen Leinewebern. Sie kreierten das „Nationalgericht" der Oberlausitzer, die „Deichelmauke", und andere, bis heute beliebte Oberlausitzer Spezialitäten.

Auch hierzulande wurde im ausgehenden 18. Jahrhundert die Kartoffel wichtig für die Ernährung, sie verdrängte viele Mehlspeisen, Breie, Grützen und Suppen. Typisch Oberlausitzer Speisen nennen deshalb die Kartoffel vor den anderen Zutaten - als Ausdruck der großen Achtung, die man den „Abern" entgegenbrachte. Die dampfende, ungeschälte Kartoffel war in den vergangenen 150 Jahren die Hauptmahlzeit der Oberlausitzer. Erst in jüngerer Zeit wurde sie durch die Salzkartoffel ersetzt.

Es wäre falsch, die Küche der Oberlausitz auf die zwar gesunde, aber recht ärmliche Leine-weberkost zu reduzieren. Das Bürgertum der Städte, vereinigt im Sechsstädtebund, war wohl-habend und wusste seinen Wohlstand auch bei Tafel vorzuzeigen. Vor allem bei den Feierlich-keiten: Sowohl bei Bürger- als auch bei Bauernhochzeiten wurde üppig geschlemmt. Ganz zu schweigen von den sorbischen Hochzeiten, die mehrere Tage dauern und mit dem berühmten Hochzeitsmenü aufwarten. Selbst die sorbischen Kinder feiern einmal im Jahr Hochzeit - die Vogelhochzeit. Und dazu gibt es ebenfalls eine kulinarische Besonderheit: Sroka, das Vogel-hochzeitsgebäck.

ESSEN NACH RATSHERREN- UND LEINEWEBER-ART

Der Speiseplan, den ein Zittauer Leineweber um 1900 niederschrieb, mutet heute eher wie ein Diätplan an: Es gab Kartoffeln in vielen Variationen und ab und zu einen Hering. Und natürlich immer wieder Leinöl. Ganz anders das „Konventsmenü", das sich die Ratsherren des Oberlausitzer Sechsstädtebundes schmecken ließen - mit insgesamt sechs Gängen. Auch wenn diese Zeiten längst vorüber sind, die Hauptgerichte der Oberlausitz reichen noch heute von einfach und deftig bis üppig und raffiniert.

Lausitzer Sonntagssuppe

1 Suppenhuhn, Wurzelwerk, Salz, Pfeffer, Nelken, Lorbeerblatt.
Für die Gemüseeinlage:
3 Essl. Butter, 2 Möhren, ¼ Sellerieknolle, 1 kleine Porreestange.
Für die Eierkuchenstreifen:
150 g Mehl, ¼ Liter Milch, 2 Eier, Öl zum Backen, Salz, Muskat, Petersilie.

Das ausgenommene und gut gewaschene Huhn mit dem gesäuberten, abgezogenen Magen und dem Herz in soviel Wasser ansetzen, dass es gut bedeckt ist. Aufkochen, dann abschäumen und das gesäuberte Wurzelwerk sowie etwas Salz, Pfeffer, Nelken und Lorbeerblatt zugeben.

Das gare Fleisch auslösen. Die Hälfte davon in feine Streifen schneiden (die andere Hälfte zu Frikassee oder Salat verwenden). Butter zerlassen, Streifen von Möhren, Sellerie und Porree darin anschwitzen. Hühnerfleisch zugeben und durchgeseihte Hühnerbrühe auffüllen. Von Mehl, Milch, Eiern, Salz und wenig Muskat einen Eierkuchenteig bereiten.

In Öl ausbacken und nach dem Erkalten in 3 bis 4 cm lange Streifen schneiden. Als Einlage in die Suppe geben. Mit fein gehackter Petersilie bestreuen und sehr heiß servieren.

Linsentopf nach Ratsherrenart

500 g Linsen, 2 Zwiebeln,
1,5 kg Hammel- oder
Lammfleisch, 1 Essl. Schmalz,
2 Liter Fleischbrühe,
1 Speckschwarte,
1 Stange Lauch, 1 kleine
Sellerieknolle, 200 g Kartoffeln,
4 Möhren, 1 Lorbeerblatt,
½ Bund Majoran, 1 Teel. Salz,
schwarzer Pfeffer,
2 Essl. Kräuteressig.

Die Linsen schon am Vortag in ca. 2 Liter Wasser einweichen. Zwiebeln schälen und würfeln, Fleisch waschen, trockentupfen und in Stücke schneiden. Das Schmalz in einem Topf zerlassen, Zwiebel- und Fleischwürfel zugeben und andünsten. Die Fleischbrühe aufgießen, Speckschwarte und Linsen zugeben, aufkochen lassen.
Den geputzten und gewaschenen Lauch in Ringe schneiden, die geschälten Kartoffeln und Möhren in Streifen schneiden. Gemüse, Lorbeerblatt, Majoran und Salz zur Fleischbrühe geben. Bei schwacher Hitze ca. 90 Minuten garen. Mit Pfeffer und Kräuteressig abschmecken.

Oybiner Wildsuppe

500 g Wildfleisch von Hirsch,
Reh oder Wildschwein,
200 g Backpflaumen,
2 Zwiebeln, 75 g Speck,
1 Essl. Tomatenmark, 1 Essl. Senf,
1 Essl. Johannisbeerkonfitüre,
⅛ Liter Kondensvollmilch,
1 Zitrone, 1 Glas Rotwein, Salz,
Pfeffer, Zucker,
Wacholderbeeren.

Das Fleisch waschen, trockentupfen und in kleine Würfel schneiden. Mit Salz und Pfeffer würzen. Zwiebeln schälen, waschen und ebenfalls würfeln. Den Speck auslassen und darin die Fleisch- und Zwiebelwürfel anschwitzen. Tomatenmark, einige zerdrückte Wacholderbeeren sowie etwas Zucker zugeben. Mit etwa 1 ½ Liter Wasser auffüllen und langsam garen lassen. Die Kondensvollmilch mit dem Senf und der Konfitüre verrühren und zur Suppe geben, aber nicht mehr kochen!
Die Backpflaumen in Rotwein einweichen, dann mit Zitronensaft dünsten und mit dem Sud (aber ohne Steine) als Einlage in die Suppe geben.

Oberlausitzer Osterlämmel *(Foto)*

Das vom Knochen gelöste Fleisch in Würfel schneiden. Die geschälten Zwiebeln und Knoblauchzehen zerkleinern. Den Speck in feine Streifen schneiden. Butterschmalz erhitzen und Fleischwürfel sowie Speckstreifen darin anbraten. Zwiebeln, Salz, Pfeffer, Senf, Lorbeerblätter und den klein geschnittenen Thymian zufügen. Rotwein angießen, Knoblauch hineingeben. Zugedeckt 1 Stunde köcheln lassen. Die überbrühten Tomaten enthäuten und vierteln. Zum Fleisch geben und noch 10 Minuten köcheln lassen. Lorbeerblätter entfernen. Mit Majorankartoffeln servieren.

2 kg Lammkeule, 500 g Zwiebeln, 4 Knoblauchzehen, 200 g durchwachsener Speck, 100 g Butterschmalz, Salz, schwarzer Pfeffer, 2 Essl. Senf, 2 Lorbeerblätter, 1 Bund Thymian, ¾ Liter Rotwein, 4 Tomaten.

Schweinekoteletts nach Oberlausitzer Art

Die Schweinekoteletts auslösen und in Öl anbraten. Dann salzen und pfeffern, von beiden Seiten braun braten. Inzwischen die Äpfel schälen, Kerngehäuse entfernen und in Scheiben schneiden. Zwiebeln ebenfalls schälen und in Scheiben schneiden. Apfel- und Zwiebelscheiben in erhitztem Öl schwitzen lassen, über die fertig gebratenen Koteletts geben. Dazu Bratkartoffeln reichen.

4 Schweinekoteletts (je 125 g), 200 g Äpfel, 200 g Zwiebeln, Öl zum Braten, Salz, Pfeffer.

MAUKE UND STUPPERCHL

Auch in der Oberlausitz kommen die Kartoffeln, die man hier Abern nennt, in vielerlei Gestalt zu Tisch. Eines der Gerichte, die aus Abern zubereitet werden, ist die Mauke - der Kartoffelbrei. Die Oberlausitzer verrühren die Mauke aber nicht mit Milch, sondern mit Fleischbrühe. Wird in den Brei eine Vertiefung gedrückt und Brühe hinein gegossen, entsteht eine Deichelmauke.
Ebenfalls aus Kartoffeln werden „Stupperchl" zubereitet - Schnittklöß-chen, die der Oberlausitzer für sein Leben gern isst. Im Wirtshaus „Zum alten Sack" in Zittau kann der Gast diese beliebte Spezialität probieren.

Zittauer Bohnensuppe

4 mehlige Kartoffeln,
400 g grüne Bohnen,
Bohnenkraut, ¾ Liter Brühe,
100 g durchwachsener Speck,
1 Zwiebel, Salz, weißer Pfeffer,
2 Essl. Crème fraîche, Petersilie.

Die geschälten Kartoffeln würfeln, die geputzten Bohnen in Stücke schneiden. Kartoffeln, Bohnen und Bohnenkraut in einen Topf geben und die Brühe angießen. Alles zum Kochen bringen, bei kleiner Hitze 25 Minuten garen, dann pürieren. Den Speck würfeln, die geschälte Zwiebel klein schneiden. Speck und Zwiebel anrösten und zur Suppe geben. Mit Salz und Pfeffer abschmecken. Crème fraîche einrühren und gehackte Petersilie darüber streuen.

Oberlausitzer Deichelmauke (Foto)

500 g Rindfleisch,
1 Wurzelwerk, 2 Lorbeerblätter,
Pfeffer, Pfefferkörner, Majoran,
Salz, 3 Zwiebeln,
1 kg Kartoffeln, ¼ Liter Milch,
150 g Speck,
Butter zum Braten,
500 g Sauerkraut.

Das Fleisch mit dem klein geschnittenen Wurzelwerk, einer geschnittenen Zwiebel, einem Lorbeerblatt, Majoran, Pfeffer und Salz kochen. Danach das Fleisch herausnehmen, abkühlen lassen und würfeln. Fleischwürfel wieder in die Brühe geben und nochmals kurz aufkochen. Die geschälten Kartoffeln in Salzwasser kochen, abgießen und zerstampfen. Mit der Milch zu Brei schlagen. Eine Zwiebel und etwa 100 g Speck würfeln, mit Majoran würzen und in etwas Butter braten. Beides unter den Kartoffelbrei rühren und mit Salz abschmecken.
Das Sauerkraut mit einem Lorbeerblatt und Pfefferkörnern 20 Minuten kochen. Eine Zwiebel und 50 g Speck würfeln, in Butter anbraten und unter das Sauerkraut geben. Mit Majoran abschmecken. Den Kartoffelbrei auf Teller geben, in die Mitte jeweils eine Mulde drücken und das Rindfleisch mit der Brühe hineingeben. Mit Sauerkraut servieren.

ERBGERICHT

Wer durch die Lausitz reist, trifft recht häufig auf Gaststätten, die den Namen „Erbgericht" tragen. Früher sorgte dort der sogenannte Lokator für die Ausführung der Verordnungen des Grundherren. Auch Abgaben und Zinsen einzutreiben war seine Aufgabe. Für die Mühen bekam er vom Grundherren abgabenfreien Grundbesitz und das Recht, eine Mühle oder eine Schänke zu betreiben. Offensichtlich war das Ausschenken von Bier lukrativer – jedenfalls sind viele der erhaltenen Erbgerichte Gaststätten.

Lausitzer Kürbisschnitzel

8 Kürbisscheiben (zu je 100 g), Salz, Pfeffer, 3 Essl. Mehl, 1 Ei, 5 Essl. Semmelmehl, 75 g Schmalz.

Die Kürbisscheiben mit Salz und Pfeffer würzen. Einige Minuten ziehen lassen. Dann die Scheiben in Mehl wenden, durch das verquirlte Ei ziehen und mit Semmelmehl panieren. In erhitztem Schmalz goldgelb braten.

Bautzner Topfsülze

1 kg Eisbein, 50 g Sellerie, 2 Zwiebeln, 3 kleine Möhren, 2 Gewürzgurken, 1 Lorbeerblatt, Gewürzkörner, 8 Blatt Gelatine, 3 Wiesen- oder Waldchampignons, 5 Schalotten, Essig, Zucker, Salz.

Schalotten, Sellerie und eine Möhre würfeln. Das Fleisch mit Gemüse, Lorbeerblatt und einigen Gewürzkörnern in 1 ½ Liter Salzwasser ansetzen. Etwa 2 Stunden bei kleiner Hitze dünsten, 15 Minuten vor Garende die restlichen klein geschnittenen Möhren zugeben. Fleisch aus der Brühe nehmen, Schwarte, Fett und Knochen entfernen, würfeln und in eine Schüssel geben. Klein geschnittene Gewürzgurken, Schalotten und Champignons darüber verteilen. Fleischbrühe mit Essig und Zucker abschmecken. Die aufgelöste Gelatine unterrühren. Alles über das Fleisch geben, 2 Stunden erstarren lassen. Dann die Sülze stürzen und mit Bratkartoffeln oder frischem Brot servieren.

Oberlausitzer Semmelbröselsuppe

Das Semmelmehl in der Butter anrösten. Vom Herd nehmen und die Eier unterrühren. Vorsichtig die heiße Brühe auffüllen, kurz aufkochen. Suppe mit Salz und Muskat abschmecken, mit Petersilie bestreut servieren.

100 g Semmelmehl, 50 g Butter, 4 Eier, 1 ¼ Liter Fleischbrühe, Salz, 1 Messerspitze Muskat, 2 Essl. gehackte Petersilie.

Zittauer Abernsuppe (Foto)

Die geschälten Kartoffeln zerkleinern. Möhren und Porree putzen, waschen und grob zerkleinern. Die Zwiebel schälen und in grobe Stücke schneiden. Alles in einen Topf geben, Kümmel, Salz und Pfeffer zufügen und die Fleischbrühe angießen. Zugedeckt bei Mittelhitze 20 Minuten garen. Inzwischen den Speck würfeln und in der Butter knusprig braten. Die Suppe pürieren. Speckwürfel und Petersilie zugeben und mit Fettbemmen servieren.

500 g Kartoffeln, 2 Möhren, 1 Stange Porree, 1 kleine Zwiebel, 1 Teel. Kümmel, weißer Pfeffer, Salz, 1 Liter Fleischbrühe, 150 g durchwachsener Speck, 2 Essl. gehackte Petersilie, 1 Essl. Butter.

ABERN UN HARCH

Einer der wichtigsten Erwerbszweige in der Oberlausitz war die Weberei. Der Damast- und Leinenhandel machte zwar das städtische Bürgertum reich, die Weber jedoch keineswegs. Entsprechend sah ihr Speisezettel aus. Früh begann der Tag mit einer Bruhdsubbe (Brotsuppe), später gab es noch eine Budderschnitte. Mittags Abern - also Kartoffeln -, dazu ab und zu Harch (Hering) oder Leinehle (Leinöl). Zum Vesper aß der Weber Quaork- oder Sirubschnitte, abends dann Abernsubbe oder gewärmte Abern. Übergewichtig wurde von dieser Kost gewiss keiner.

Zittauer Kartoffelpuffer

1 kg Kartoffeln, 400 g Gehacktes, 1 Ei, 2 Zwiebeln, 1 Bund Petersilie, Salz, Kartoffelmehl, Öl, Majoran.

Kartoffeln schälen und reiben. Zwiebeln schälen und fein hacken. Petersilie waschen und fein wiegen. Alles vermischen. Dann das Hackfleisch und das Ei zugeben und gut verrühren. Kartoffelmehl zufügen, mit Majoran und Salz abschmecken. Portionsweise in Öl goldgelb backen.

Leineweber

125 g Mehl, ¼ Liter Milch, 4 Eier, 600 g Pellkartoffeln, Margarine, Petersilie, Muskat, Pfeffer, Salz.

Mehl, Milch und Eier verrühren. Mit Muskat, Pfeffer und Salz abschmecken. Die gepellten Kartoffeln in Scheiben schneiden. Die Margarine in einer Pfanne erhitzen, eine Portion Kartoffelscheiben anbraten. Ein Viertel der Teigmasse darüber gießen. Diese Seite 5 Minuten braten, die andere nochmals 3 Minuten. Die Zutaten reichen für vier Portionen. Die fertigen Leineweber mit Petersilie bestreuen und mit Salat servieren.

Oberlausitzer Pflaumen-Eierkuchen

4 Eier, ½ Liter Milch, 4 Essl. Mehl, Salz, 500 g Pflaumen, Butterschmalz zum Ausbacken, Zimtzucker.

Eier, Milch, Mehl und eine kräftige Prise Salz zu einem Teig verquirlen. 20 Minuten quellen lassen. Inzwischen die Pflaumen waschen, halbieren und entsteinen. Butterschmalz in einer Pfanne erhitzen. Eine dünne Teigschicht einfüllen und die Unterseite goldgelb backen. Einige Pflaumen darauf legen, darüber etwas Teig gießen. Eierkuchen vorsichtig wenden und knusprig backen. Mit Zimtzucker bestreut servieren.

Pellkartoffeln mit Hering

Die Salzheringe waschen, ausnehmen (Kopf und Schwanz abschneiden), nochmals abspülen, mit der Heringsmilch über Nacht wässern und noch 3 bis 4 Stunden in Milch einlegen. Danach die vorbereiteten Heringe abwechselnd mit Zwiebelringen, Gurkenscheiben, Zitronenscheiben (ohne Schale), dünnen Apfelscheiben (ohne Schale und Kerngehäuse), 3 bis 4 Lorbeerblättern, 8 bis 10 Gewürzkörnern und 1 Essl. zerdrückten Pfefferkörnern in eine Schüssel schichten. Den Quark mit Buttermilch und der Milch, in der die Heringe eingelegt waren, geschmeidig rühren. Die Heringsmilch untermischen, mit Essig und Salz abschmecken. Das Öl einrühren und die Marinade über die Heringe gießen. 1 bis 2 Tage zugedeckt kühl stellen. Dann mit Pellkartoffeln anrichten.

1500 g Salzheringe,
½ Liter Buttermilch,
¼ Liter Milch,
4 bis 5 Essl. Sahnequark,
4 Zwiebeln,
4 Gewürzgurken, 1 Zitrone,
1 bis 2 Äpfel, 2 Essl. Öl,
Essig, Lorbeerblätter,
Gewürzkörner,
Pfefferkörner.

Pellkartoffeln mit Leinöl und Quark

Die Kartoffeln unter fließendem Wasser abbürsten und mit Wasser bedeckt 25 Minuten in einem Topf kochen. Inzwischen den Quark mit Milch in einer Schüssel glatt rühren, salzen. Die geschälte Zwiebel fein schneiden. Schnittlauch abspülen, trockentupfen und ebenfalls fein schneiden. Zwiebel und Schnittlauch mit dem Quark mischen. Die Kartoffeln abgießen und schälen. Leinöl in eine Schüssel geben. Das Gericht kann auf zweierlei Weise serviert werden: Entweder die Kartoffeln im Ganzen, so dass jeder die Kartoffel erst in den Quark, dann ins Leinöl taucht. Oder die Kartoffeln in Scheiben schneiden, Quark und Leinöl darüber geben.

750 g Kartoffeln, 250 g Quark,
⅛ Liter Milch, Salz, 1 Zwiebel,
1 Bund Schnittlauch, ¼ Liter Leinöl.

WO DIE VÖGEL HOCHZEIT HALTEN

Am 25. Januar feiern die Vögel Hochzeit - zumindest im Gebiet zwischen Bautzen, Kamenz und Hoyerswerda. Dort sind die Sorben, das kleinste slawische Volk, zu Hause und pflegen ihr Brauchtum: die Vogelhochzeit, das Osterreiten, Hexenbrennen, Hahnenschlagen und weitere Feste. Gegessen und getrunken wird dabei allemal. Doch während die Kinder bei ihrem Vogelhochzeitsschmaus nur Süßes naschen, müssen sich die Gäste einer „echten" sorbischen Hochzeit drei Tage lang durch zahlreiche Gänge „hindurch" essen. Im Alltag geht's dann wieder etwas einfacher zu.

Sorbische Hochzeitssuppe

Für die Suppe:
1 Möhre, 100 g Sellerie,
1 Zwiebel,
50 g Schweineschmalz,
300 g Blumenkohl,
1 Liter Fleischbrühe, Salz,
50 g Sternchennudeln.

Für die Leberklößchen:
200 g Leber, 1 Ei,
1 Messerspitze geriebene
Muskatnuss, schwarzer Pfeffer,
Salz, 2 Essl. Semmelmehl.

Für den Eierstich:
2 Eier, 2 Essl. süße Sahne,
1 Essl. Butter, Salz.

Möhre und Sellerie putzen und zerkleinern, die geschälte Zwiebel fein hacken. Das Gemüse im erhitzten Schmalz 10 Minuten garen, dann beiseite stellen. Den geputzten Blumenkohl in Röschen teilen, waschen und in Salzwasser 10 Minuten kochen. Dann abgießen und mit kaltem Wasser abschrecken.

Für die Klößchen die Leber durch den Fleischwolf drehen. Mit Ei, Muskat, Salz, Pfeffer und Semmelmehl vermengen. Eine Stunde kalt stellen, dann Klößchen formen.

Für den Eierstich die Eier mit der Sahne sowie der zerlassenen und wieder abgekühlten Butter verquirlen. Durch ein Sieb geben und salzen. In einer Tasse im heißen Wasserbad zum Stocken bringen, dann auskühlen lassen. Die Fleischbrühe erhitzen, Sternchennudeln und Leberklößchen zugeben. Kurz aufkochen, dann 15 Minuten bei kleiner Hitze köcheln lassen. Sellerie und Möhre mit dem Gemüsewasser sowie die Blumenkohlröschen zufügen. Zuletzt den abgestochenen Eierstich in die Suppe geben.

SORBISCHES HOCHZEITSMAHL

Wer an einer sorbischen Hochzeit teil-nimmt, muss viel Zeit mitbringen und einen gesunden Appetit. Denn gefeiert wird drei Tage lang, schließlich ist eine Hochzeit etwas Besonderes.
Langeweile kommt während des stundenlangen Gelages nicht auf. Dafür sorgt schon der Hochzeitsbitter, eine Art Zeremonienmeister, der die Gäste mit derb-heiteren Schwänken bei Laune hält.

Sorbisches Brautpaar um 1840

Sorbischer Eintopf

4 kleine Zwiebeln,
500 g Schweinefleisch,
6 Essl. Öl, Salz, Pfeffer,
500 g Kartoffeln,
250 g Magerquark,
1 Teel. Kümmel,
⅛ Liter Milch,
1 Teel. Kartoffelmehl.

Die geschälten Zwiebeln würfeln. Das Fleisch waschen, trockentupfen und in Scheiben schneiden. Das Öl in einer feuerfesten Form erhitzen, Zwiebeln und Fleisch zugeben. Mit Salz und Pfeffer würzen. ⅜ Liter Wasser auffüllen, zugedeckt garen. Die geschälten Kartoffeln in dicke Scheiben schneiden.

Nach 15 Minuten Garzeit auf das Fleisch legen. Weitere 45 Minuten garen, bei Bedarf etwas Wasser nachfüllen. Inzwischen den Quark mit Kümmel und dem größten Teil der Milch verrühren. Mit der restlichen Milch das Kartoffelmehl anrühren. Zur Quarkmasse geben und diese über den Eintopf streichen.

Zugedeckt in den vorgeheizten Ofen schieben und bei 180 °C 25 Minuten backen.

Sorbische Buttermilchsuppe

Die Buttermilch mit dem Zucker und der abgeriebenen Zitronenschale aufkochen. Dann die Suppe mit dem Stärkemehl binden. Mit Zimt bestreut servieren.

1 Liter Buttermilch, 50 g Zucker, 1 Zitrone, 20 g Stärkemehl, 1 Essl. Zimt.

Sorbische Brotsuppe

Den Speck fein würfeln und in einer Pfanne auslassen. Die geschälten Zwiebeln fein schneiden, zum Speck geben und anschwitzen. Die Fleischbrühe aufkochen, Speck und Zwiebeln zufügen. Das Schwarzbrot in Würfel schneiden und in die Brühe geben. Mit Meerrettich garniert servieren.

50 g Speck, 50 g Zwiebeln, 1 Liter Fleischbrühe, 400 g Schwarzbrot, geriebener Meerrettich.

Sorbische Biersuppe

Helles Bier sowie Malzbier mischen und erhitzen. In einem zweiten Topf die Milch aufkochen und das Bier zugießen. Das Mehl mit der Sahne verquirlen, die Suppe damit binden. Nochmals aufkochen, mit Zucker und Salz abschmecken. Suppe vom Herd nehmen und das verquirlte Ei unterrühren. Mit Rosinen bestreut servieren.

¼ Liter helles Bier, ¼ Liter Malzbier, ½ Liter Milch, 2 Essl. Mehl, 100 g Sahne, Zucker, 1 Prise Salz, 1 Ei, 100 g Rosinen.

Rinderroulade nach sorbischer Art *(Foto)*

600 g Rouladenfleisch, 60 g Speck, 60 g Zwiebeln, 60 g Gewürzgurke, 40 g geriebener Meerrettich, Salz, Pfeffer, 40 g Margarine, 1 Liter Brühe, 40 g Mehl.
Zum Garnieren:
Gewürzgurke, Meerrettich.

Vier Rouladen schneiden und mit Speckstreifen, gehackten Zwiebeln, Gurkenstreifen und Meerrettich füllen. Mit Salz und Pfeffer würzen. Rouladen wickeln und in der erhitzten Margarine anbraten. Dann die Brühe angießen und die Rouladen in der Röhre schmoren.
Soße mit Mehl binden. Rouladen mit Gewürzgurke und Meerrettich garnieren. Dazu Kartoffelklöße reichen.

Rindfleisch mit Meerrettich

1 kg Rindfleisch, 2 Suppenknochen, 1 Bund Suppengrün, 1 Zwiebel, 1 Lorbeerblatt, 2 Nelken, 5 Essl. Butter, 1 Essl. Mehl, 2 Eier, 1/8 Liter Milch, 100 g geriebener Meerrettich, Salz, Pfeffer.

Rindfleisch und Knochen waschen. Zwei Liter Wasser mit dem Suppengrün sowie der mit Lorbeerblatt und den Nelken gespickten Zwiebel zum Kochen bringen. Rindfleisch und Knochen einlegen und zugedeckt bei kleiner Hitze ca. 2 Stunden köcheln lassen. Dann das Fleisch herausnehmen.
Einen Esslöffel Butter zerlassen, das Mehl darin anschwitzen. 400 ml Brühe angießen. Die Soße etwas einkochen lassen. Die Eier mit der Milch verquirlen. Soße vom Herd nehmen und die Eiermilch sowie den Meerrettich einrühren. Mit Salz und Pfeffer abschmecken. Das Fleisch in Scheiben schneiden, die restliche Butter zerlassen. Die Fleischscheiben mit Meerrettichsoße und zerlassener Butter übergießen und servieren.

Sorbische Kartoffeln

1 kg Kartoffeln, 50 g Margarine, 80 g Reibekäse, Salz, Pfeffer, 1/2 Liter Fleischbrühe, gehackte Petersilie.

Die Kartoffeln schälen und raspeln. Mit Margarine, Reibekäse, Salz und Pfeffer vermischen. In eine gefettete Form füllen, heiße Fleischbrühe auffüllen. Zugedeckt 30 Minuten auf kleiner Flamme dünsten. Dann in der Röhre überbacken, bis sich eine goldgelbe Kruste bildet. Mit Petersilie bestreut servieren.

Sroki – Gebäck zur Vogelhochzeit

Für den Teig:

250 g Mehl, 1 gestrichener Teel. Backpulver, 75 g Zucker, 1 Päckchen Vanillezucker, 1 Ei, 1 Essl. Milch, 125 g Butter.

Für den Guss:

100 g Puderzucker, 2 Essl. Kakao, 20 g zerlassene Butter.

Außerdem:

Sultaninen, bunte Zuckerperlen.

Für den Teig Mehl und Backpulver mischen und in eine Schüssel sieben. In die Mitte eine Vertiefung drücken. Zucker, Vanillezucker, Ei und Milch hineingeben und mit etwas Mehl zu einem Brei vermengen. Darauf die in Stücke geschnittene kalte Butter geben, mit Mehl bestäuben. Von der Mitte aus die Zutaten rasch zu einem glatten Teig verarbeiten. Eine Stunde kühl stellen. Dann den Teig auf bemehlter Fläche dünn ausrollen. Vogelfiguren ausstechen.

Ein Backblech buttern, die Figuren auflegen und im vorgeheizten Backofen etwa 10 Minuten backen.

Für den Guss den gesiebten Puderzucker mit Kakao vermischen. Einen Esslöffel heißes Wasser und die zerlassene Butter unterrühren. Die Figuren damit glasieren und mit Sultaninen und Zuckerperlen verzieren.

Mohnkuchen *(Foto)*

Für den Hefeteig:

500 g Mehl, 1 Würfel Hefe, ¼ Liter lauwarme Milch, 50 g Zucker, 1 Ei, 1 Prise Salz, Butter für das Backblech.

Für den Belag:

1 Vanilleschote, 1 Liter Milch, 150 g Grieß, 250 g gemahlener Mohn, 50 g Zucker, 2 Eier, abgeriebene Schale von 1 Zitrone, Puderzucker.

Aus Mehl, Hefe, Milch, Zucker, Ei und Salz einen Hefeteig zubereiten. Ein Backblech mit Butter ausfetten. Den Hefeteig auf das Blech geben und so lange gehen lassen, bis er doppelt so hoch ist. Inzwischen die Vanilleschote halbieren und mit der Milch aufkochen. Den Grieß einrühren und ausquellen lassen. Die Vanilleschote herausnehmen, dann den Mohn in den Grießbrei einrühren. Abkühlen lassen. Zucker mit Eigelb und Zitronenschale zu einer Creme schlagen und unter den Mohn-Grießbrei rühren. Das Eiweiß zu Schnee schlagen und unterheben. Den Belag auf den Teig streichen. Kuchen im vorgeheizten Backofen bei 180 °C etwa 40 Minuten backen. Vor dem Servieren mit Puderzucker bestäuben.

Storchennest

**400 g Kartoffeln,
40 g Hefe, ⅛ Liter Milch,
1 kg Mehl, 2 Teel. Salz,
4 Eigelb, 4 Essl. Mohn,
Butter für die
Kuchenform.**

Kartoffeln in der Schale kochen, pellen und durch die Kartoffelpresse drücken. Die zerbröckelte Hefe in der lauwarmen Milch verquirlen. Das Mehl sieben und in die Mitte eine Vertiefung drücken. Die verquirlte Hefe hineingießen, mit etwas Mehl einen Vorteig bereiten und zugedeckt an einem warmen Platz 30 Minuten gehen lassen. Die Kartoffelmasse, Salz und 2 Eigelb zugeben. Einen glatten Teig kneten und nochmals zugedeckt 30 Minuten gehen lassen. Dann den Teig zusammenstoßen und gut durcharbeiten.

Aus dem Teig 20 Kugeln formen und wie zu einem Nest in eine gebutterte runde Kuchenform setzen. Mit dem restlichen Eigelb bestreichen und Mohn darüber streuen. Im vorgeheizten Backofen bei 200 °C etwa 45 Minuten backen.

PTAČI KWAS - VOGELHOCHZEIT

Auch die sorbischen Kinder feiern Hochzeit - die Vogelhochzeit. Die Elster ist die Braut, der Rabe der Bräutigam. Jedes Jahr am 25. Januar morgens werden Kinder, die am Abend zuvor einen Teller auf das Fensterbrett oder vor die Tür gestellt haben, von den Vögeln, die Hochzeit feiern, beschenkt. Es gibt Süßigkeiten, vor allem die beliebten „sroki"-Vögel aus Milchbrötchenteig mit Zuckerguss und Sultaninenaugen. Aber auch Baiservögel und Vogelnester gehören zum „Hochzeitsschmaus". Für den Festumzug verkleiden sich die Kinder als Vögel oder feiern in ihrer alten Tracht. Der Hochzeitsbitter führt den Zug an, es folgen Braut und Bräutigam, zwei Patinnen, die Brautjungfern und die Hochzeitsgäste.

Osterfladen

Den Hefe- oder Mürbeteig auftauen. Quark durch ein Tuch pressen. Drei Eigelb mit 100 g Zucker schaumig rühren, den trockenen Quark durch ein Sieb streichen und zufügen. Rosinen, Mandeln, zerlassene Butter, abgeriebene Zitronenschale, Rum oder Arrak und die Sahne einrühren.

Den Hefe- oder Mürbeteig auf ein gebuttertes Blech legen und einen Rand drücken. Quarkmasse aufstreichen, Eigelb darüber geben. Den Fladen bei Mittelhitze backen, danach noch heiß mit Zucker bestreuen.

1 Päckchen gefrorener Hefe-oder Mürbeteig, 500 g Quark, 4 Eigelb, 150 g Zucker, 100 g geriebene Mandeln, 100 g Rosinen, 100 g Butter, abgeriebene Zitronenschale, etwas Rum oder Arrak, ⅛ Liter Sahne.

Patensemmel

Mehl in eine Schüssel sieben, in die Mitte eine Vertiefung drücken. Hefe in etwas lauwarmer Milch mit 1 Teel. Zucker verquirlen und in die Vertiefung gießen. Etwas Mehl überstäuben. Den restlichen Zucker, die Butterflöckchen, Salz, Mandeln und Mohn auf dem Mehlrand verteilen. Zugedeckt an einem warmen Platz 30 Minuten gehen lassen. Dann von der Mitte aus die Zutaten gut verkneten. Zugedeckt noch eine Stunde gehen lassen.

Den Teig auf bemehlter Fläche ½ cm dick ausrollen. 2 cm breite Streifen schneiden und daraus 20 cm lange Zöpfe flechten. Die Zöpfe auf das gebutterte Backblech legen, mit Sahne bestreichen und mit Mohn bestreuen. Im vorgeheizten Backofen bei Mittelhitze etwa 40 Minuten backen.

Für den Teig:

500 g Mehl, 30 g Hefe, ¼ Liter lauwarme Milch, 4 Essl. Zucker, 80 g Butter, 1 Päckchen Vanillezucker, 1 kräftige Prise Salz, 2 geriebene bittere Mandeln, 125 g gemahlener Mohn, Butter für das Backblech.

Außerdem:

2 Essl. süße Sahne, 100 g ungemahlener Mohn zum Bestreuen.

LAUSITZER FISCHZÜGE

In der Oberlausitzer Heide- und Teichlandschaft ist die Fischzucht seit langer Zeit ein wichtiger Erwerbszweig. Schon im 13. Jahrhundert ließen Adlige die ersten Teiche anlegen, im 15. und 16. Jahrhundert nahm die Teichwirtschaft bedeutenden Aufschwung. Im Herbst, wenn die „Ernte des Jahres" eingeholt wird, laden die „Fischwochen" ein - Gelegenheit, um Gerichte aus heimischen Fischen zu probieren, frisch geräucherten Fisch mit Brot aus dem Backofen zu genießen und das Markttreiben zu verfolgen.

Gebackene Karpfenschnitte

1 Karpfen, Salz, Pfeffer, 400 g Zwiebeln, 150 g Butter, ¼ Liter saure Sahne, 150 g Semmelmehl, Zitrone, Petersilie.

Den Karpfen ausnehmen, schuppen, waschen und portionieren. Mit Salz und Pfeffer würzen. Eine Pfanne mit Butter ausstreichen und darin die in Scheiben geschnittenen Zwiebeln verteilen. Die Karpfenstücke darauf legen und mit der sauren Sahne überziehen. Semmelmehl darauf streuen und Butterflöckchen aufsetzen.
Die Karpfenschnitten in der vorgeheizten Röhre von beiden Seiten ca. 30 Minuten backen. Mit Zitrone und Petersilie garnieren. Mit Petersilienkartoffeln und frischem Salat servieren.

Bierkarpfen

1 Karpfen (frisch geschlachtet und ausgenommen), 1 Teel. Salz, 1 Flasche Bier (Pils), 50 g Butter, Schalotten, Pfeffer, Salz, 2 Scheiben Schwarzbrot.

Den Karpfen waschen, Schleim und Schuppen abschaben. Kopf, Kiemen und Flossen abschneiden und für eine Fischsuppe verwenden. Den Fisch längs in gleichgroße Stücke spalten, salzen, in eine Pfanne legen und mit Bier übergießen. Butter, Schalotten, Pfeffer, Salz und das zerbröselte Schwarzbrot zugeben. 15 bis 20 Minuten bei geringer Hitze zugedeckt dünsten, aber nicht kochen. Mit ofenfrischem Schwarzbrot servieren.

SCHWARZE LACHE

Die Schwarze Lache, mitten im Biosphärenreservat Oberlausitzer Heide- und Teich-landschaft gelegen, ist mit fast 80 Hektar einer der größten Teiche in Ostsachsen. Schon seit Jahrhunderten werden in diesem Gewässer Karpfen gezüchtet. Die Lausitzer Fischer gaben ihr Können von Generation zu Generation weiter und ermöglichten die Zucht edler Speisefische. Das Schaufischen der Schwarzen Lache in Kreba wird alljährlich am dritten Oktoberwochenende als Volksfest gefeiert. Karpfen ist der in Sachsen meist ge-fangene Speisefisch. Fast 90 Prozent der gezüchteten Speisefische gehören dieser Fischart an. Damit ist Sachsen neben Bayern der größte Karpfenproduzent in Deutschland.

Karpfen in Rahmsoße

1 Karpfen, Salz, Pfeffer, 80 g Butter, 4 Zwiebeln, ¼ Liter saure Sahne, 1 Zitrone, 4 Essl. Semmelmehl.

Den Karpfen schuppen, ausnehmen, Kopf und Flossen abschneiden und waschen. Trockentupfen, in dicke Scheiben schneiden. Mit Salz und Pfeffer würzen. Eine feuerfeste Form buttern und die fein gewiegten Zwiebeln einstreuen. Die Karpfenstücke darauf legen und mit Zitronensaft und saurer Sahne über-gießen. Semmelmehl darüber streuen und mit zerlassener Butter beträufeln. Die Fischschnitten im Backofen bei Mittelhitze garen. Mit Kartoffelbrei servieren.

Karpfen blau (Foto rechts)

1 Karpfen (frisch geschlachtet und ausgenommen), 1 Tasse Essig, 3 Essl. Salz, 1 Möhre, ½ Sellerie, 3 Essl. gehackte Petersilie, 1 Zwiebel.

Den Karpfen unmittelbar vor der Zubereitung „bläuen": Den Essig mit 1 Tasse Wasser mischen, erhitzen und das heiße Essigwasser über den Karpfen gießen. Zwei bis drei Liter Salzwasser ansetzen, alle Würzzutaten zufügen und erwärmen. Den Fisch hineingeben, zum Sieden bringen und dann bei geringer Hitze höchstens 15 Minuten ziehen lassen. Sobald sich die Bauchflossen heraus-ziehen lassen, ist das Fischfleisch gut. Den Karpfen mit Meerrettich und Zitronenscheiben garnieren. Mit Salzkartoffeln und zerlassener Butter servieren.

Karpfen in Aspik

Karpfen, Wurzelwerk und Gewürze wie für Karpfen blau.
Für den Aspik und zum Garnieren:
3 Eier, 3 Möhren, 3 marinierte rote Gemüsepaprika, 1 Röhrchen Kapern, 1 Bund Petersilie, 3 Päckchen Gelatine (45 g), 1 ½ Liter Karpfensud.

Karpfen wie oben zubereiten. Im Karpfensud die Gelatine auflösen und ein Drittel der Flüssigkeit in ein Gefäß gießen und erstarren lassen. Darauf eine Garnitur anordnen: aus Scheiben von gekochten Eiern, gekochten Möhren, Stücken von Gemüsepaprika, Kapern und Petersilie.
Die im restlichen Sud abgekühlten und von den Hauptgräten befreiten Karpfen-stücke darauf legen. Restliche Gelierflüssigkeit darüber gießen und auskühlen lassen. Mit Bratkartoffeln und Meerrettichkrem servieren.

Plötze auf Lausitzer Art

Die Fische waschen, schuppen und ausnehmen. Nochmals gründlich waschen, abtropfen lassen. Mit Zitronensaft beträufeln.
Für die Beize der fein gehackten Zwiebel Zitronenschale und gehackte Petersilie zufügen. Mit Essig übergießen und gut mischen. Die Fische in der Beize 2 Stunden ziehen lassen. Dann herausnehmen, trockentupfen und in Mehl wenden.
Das Öl in einer Pfanne erhitzen und die Fische darin 5 Minuten von jeder Seite kräftig anbraten. Dann die Fische in eine vorgewärmte feuerfeste Form legen. Für die Soße Zwiebeln in Ringe schneiden, die Tomaten blanchieren, die Haut abziehen und in kleine Würfel schneiden. Die Zwiebelringe in der Pfanne mit dem Bratfett 3 Minuten glasig dünsten. Dann die Tomatenwürfel zufügen. Weißwein angießen und mit Salz, Zucker und Lorbeerblatt würzen. 5 Minuten köcheln lassen. Das Lorbeerblatt entfernen, die Soße über die Fische gießen. Zugedeckt bei Mittelhitze 20 Minuten garen. Das fertige Gericht mit gehacktem Dill und Zitronenscheiben garnieren.

1,2 kg Plötzen,
1 Zitrone, 50 g Olivenöl.

Für die Beize:

1 Zwiebel, abgeriebene Schale von 1 Zitrone, ½ Bund Petersilie, ¼ Liter Weinessig, etwas Mehl.

Für die Soße:

3 Zwiebeln, 6 Tomaten, 2 Essl. Weißwein, Salz, 1 Prise Zucker, 1 Lorbeerblatt.

Für die Garnierung:

½ Bund Dill, ½ Zitrone.

Neujahrssalat *(Foto)*

3 bis 4 Pellkartoffeln, gare Karpfenreste, 1 Gewürzgurke, gare Mischgemüsereste, 1 Eigelb, Zitronensaft, 3 Essl. Öl, Salz, Zucker, 1 kleine Zwiebel, Petersilie.

Die Kartoffeln pellen und klein schneiden. Karpfen und Gewürzgurke salatgemäß zerkleinern, mit dem Mischgemüse zu den Kartoffeln geben. Alles gut vermengen. Zitronensaft, Eigelb, Öl, Salz und Zucker verrühren und damit den Salat anrichten. Zwiebel und Petersilie hacken, vermischen und den Salat damit garnieren.

Hecht mit Aal

1 Hecht (ca. 1 kg), 1 Aal (ca. 500 g), 3 Zwiebeln, Salz, 2 Essl. Mehl, 50 g Butter, Muskatnuss, Pfeffer, 1 Zitrone, 1 bis 2 Essl. Essig, Kapern, Sardellen.

Den vorbereiteten Hecht und den abgezogenen, ausgenommenen und gewaschenen Aal in Stücke schneiden. Die Aalstücke in die Mitte einer Kasserolle legen. Zwiebelscheiben und Salz darüber geben. Die leicht gesalzenen Hechtstücke ringsherum legen. Wasser zugießen und die Fischstücke zugedeckt fast gar ziehen lassen. Die Fischbrühe soll nahezu eingekocht sein. Dann die Stücke herausnehmen und warm stellen. Inzwischen zwei Esslöffel in Butter angeschwitztes Mehl, etwas geriebene Muskatnuss, Pfeffer, einige Zitronenscheiben und Essig zu der Fischbrühe geben. Alles zu einer sämigen Soße kochen. Die Fischstücke einlegen und noch etwas mitkochen lassen. Den Fisch mit Kapern bestreut servieren. In die Soße einige fein gehackte Sardellen geben.

Karpfen nach Sohländer Art

1 Karpfen, Zitronensaft, Wurzelwerk, 2 Nelken, 1 Lorbeerblatt, 1 Liter Malzbier, Mehl, 50 g Margarine, etwas Zucker, 100 g Speisepfefferkuchen, 200 g Rosinen, 200 g Mandelstifte.

Die vorbereiteten Karpfenfilets mit Zitronensaft beträufeln und vorerst beiseite stellen. Kopf, Schwanz, klein geschnittenes Wurzelwerk, Nelken, Lorbeerblatt und Bier in eine Kasserolle geben. Aufkochen und abschäumen, dann noch 30 Minuten köcheln. Inzwischen aus Margarine, Zucker und Mehl eine Schwitze bereiten. Mit dem durchgeseihten Fischsud, dem geriebenen Speisepfefferkuchen, den Rosinen und den Mandelstiften bei kleiner Hitze kochen. Die Karpfenstücke in der Soße gar ziehen lassen.

PÜCKLERS NAME IN ALLER MUNDE

Es gibt verschiedene Erklärungen, wie das Fürst-Pückler-Eis zu seinem Namen kam. Eine Quelle sagt aus, Hermann Fürst von Pückler-Muskau habe das Rezept aus Afrika mitgebracht, eine zweite, der Fürst habe das Eis selbst kreiert. Eine dritte Erklärung besagt, ein Konditormeister habe Pückler die Eisbombe gewidmet, eine vierte, Pückler habe dem Konditor das Recht, die kühle Erfrischung nach ihm zu benennen, verkauft. Wie dem auch sei - Pücklers hauptsächliche Leistungen liegen ohnehin nicht auf dem Gebiet des Konditorhandwerks.

Fürst-Pückler-Eis (Foto)

150 g Erdbeeren,
125 g feiner Zucker,
100 g Mandelmakronen,
6 cl Maraschino,
500 g Sahne,
75 g geriebene
Schokolade.

Die gewaschenen und entstielten Erdbeeren mit 50 g Zucker im Mixer pürieren. Die zerstoßenen Makronen mit 4 cl Maraschino tränken. Die Sahne steif schlagen, dabei vorsichtig den Zucker einrieseln lassen. Die Sahne in drei gleiche Teile teilen. Ein Drittel der Sahne mit den pürierten Erdbeeren und einem Drittel der Makronen verrühren. In eine verschließbare Eisbombe füllen und 10 Minuten ins Gefrierfach stellen. Das zweite Drittel der Sahne mit dem restlichen Maraschino und einem Drittel der Makronen vermischen, auf die Erdbeermasse streichen und wieder 10 Minuten ins Gefrierfach stellen. Die restliche Sahne mit der Schokolade und den restlichen Makronen verrühren und als oberste Schicht in die Eisbombe streichen. Form verschließen und 4 Stunden tiefkühlen. Vor dem Servieren die Form in heißes Wasser tauchen. Das Eis auf eine Platte stürzen.

NUR VIER GRAMM TREUE

Pückler hat das nach ihm benannte Eis in einem Liebesbrief erwähnt und die Rezeptur erläutert. Jeder Zutat gab er eine bestimmte Bedeutung: die Schokolade steht für gute Laune, der Zucker für Wohlgefallen, das Himbeergelee für Neugier, die Makronen für Reisestimmung, das Eis für Lebenslust, die Gelatine für Treue, der Vanillezucker für Zuneigung. Seine Angebetete soll sich bitterlich darüber beschwert haben, dass gerade die Treue in dieser Komposition so dürftig ausfiel. Lediglich vier Gramm hatte Pückler dafür eingeplant.

Feines Schokoladeneis (Foto unten rechts)

**3 Eigelb, 60 g Zucker,
3 Essl. Milch, 2 Essl. Weinbrand,
2 Teel. Kakao, ⅛ Liter Schlagsahne,
Schokoladenstückchen, Waffeln.**

Eigelb, Zucker und Milch über Wasserdampf schlagen, bis eine dickliche Masse entsteht. Kalt rühren, dann Weinbrand, Kakao, die steife Sahne und die Schokoladenstückchen zugeben. In eine Form füllen und tiefkühlen. Beim Servieren mit Waffeln und frischen Beeren garnieren.

Erdbeeren in Weinschaum (Foto unten links)

**600 g Erdbeeren,
¼ Liter Weißwein,
200 g Zucker, 1 Päckchen
Vanillezucker, 4 Eier, 1 Zitrone,
Schokoladenstreusel.**

Die gewaschenen Erdbeeren klein schneiden. Mit dem Zucker und 2 bis 3 Essl. Wasser dünsten, dann erkalten lassen. Die Beeren ohne Saft in Gläser füllen. Weißwein, Eier und Zitronensaft vermischen und auf kleiner Flamme schaumig schlagen. Abkühlen lassen, dann auf die Beeren geben. Obenauf Schokoladenstreusel streuen.

Flambierte Sauerkirschen

**½ Literglas Sauerkirschen,
20 g Butter, 2 Essl. Zucker,
1 Glas Weinbrand,
2 Gläser Kirschwasser,
4 Portionen Vanilleeis.**

Die abgetropften Sauerkirschen entsteinen. Die Butter in einer Flambierpfanne erhitzen, Zucker zugeben und karamellisieren. Die Sauerkirschen zufügen und erhitzen. Den Weinbrand zugießen. Das Kirschwasser in einer Schöpfkelle erwärmen, anzünden und über die Kirschen gießen. Die brennenden Sauerkirschen zum angerichteten Vanilleeis servieren.

GEFRORENES

Die Zubereitung von Speiseeis - Gefrorenem - war zu Lebzeiten Pücklers noch eine aufwendige Angelegenheit. Denn woher sollte man im Sommer Eis nehmen? In den Gärten wurden dazu Eisgruben angelegt, in die man im Winter Eis aus den Teichen brachte. Es hielt sich bei entsprechender Behandlung auch in der wärmeren Jahreszeit.

Dem Eis widmete sich auch der Inhaber der Nährmittelfirma „Komet" Großpostwitz, Gerolf Pöhle. Gemeinsam mit seiner Ehefrau Regina entwickelte er 1959 ein Speiseeispulver zur Herstellung von Speiseeis im Haushalt - ein Novum auf dem damaligen Markt.

Pflaumen-Dessert

1 kg Pflaumen,
200 g Zucker,
6 Nelken,
½ Stange Zimt.

Die gewaschenen Pflaumen entstielen und entkernen. Mit den Zutaten in einem Topf aufkochen und ohne Flüssigkeitszugabe 5 Minuten unter Rühren köcheln lassen, bis ein saftiger Brei entsteht. Die Pflaumen sollen aber nicht verkocht sein. Zum Schluss die Gewürze herausnehmen und das Dessert erkalten lassen.

Apfelquark mit Vanille

4 große Äpfel, 250 g Quark,
1 Päckchen Vanillesoßen-
pulver, ¼ Liter Milch,
1 ½ Essl. Zucker,
1 Päckchen Vanillezucker,
2 Essl. Rosinen, Apfelsaft,
Kirschkonfitüre.

Von der Milch, dem Zucker und dem Soßenpulver eine dicke Vanillesoße kochen. Abkühlen lassen, dann löffelweise den durch ein Sieb gestrichenen Quark unterrühren. Die geschälten und vom Kerngehäuse befreiten Äpfel raspeln und mit Vanillezucker bestreuen, dann unter die Quark-Vanille-Mischung rühren. Rosinen waschen, in Apfelsaft weichen und ebenfalls untermischen. Apfelquark in Schälchen anrichten und mit Konfitüretupfen verzieren.

Oberlausitzer Eierlikörkuchen

Eier trennen, Butter, Eigelb und Eierlikör schaumig schlagen. Mehl, Pudding- und Backpulver mischen und sieben. Vorsichtig unter die Eiermasse rühren, den Puderzucker ebenfalls. Eiweiß steif schlagen und unter den Teig heben. Springform buttern und Teig einfüllen. Im vorgeheizten Backofen bei 200 °C etwa 1 Stunde backen. Nach dem Auskühlen den Kuchen mit zerlassener Butter bepinseln und mit Puderzucker besieben.

Für den Teig: 4 Eier, 125 g Butter, ⅛ Liter Eierlikör, 300 g Mehl, 1 Essl. Puddingpulver Vanillegeschmack, 2 gestrichene Teel. Backpulver, 250 g Puderzucker, Butter für die Springform.
Außerdem: 50 g Butter, 125 g Puderzucker zum Besieben.

Vanillecreme *(Foto)*

Die Eigelb mit dem Zucker schaumig schlagen, bis eine cremige Masse entsteht. Milch und Salz in einen Topf geben. Die Vanilleschote aufschneiden und das Vanillemark herausstreichen. Schote und Mark zur Milch geben, aufkochen und 10 Minuten ziehen lassen. Schote herausnehmen. Gelatine in kaltem Wasser einweichen. Die heiße Milch unter Rühren zur Eiermasse gießen und wieder erhitzen, aber nicht kochen. Die Gelatine ausdrücken und unter die Eiermilch rühren. Creme durch ein Sieb gießen und erkalten lassen. Gelegentlich umrühren. Sahne steif schlagen und unterheben. Vanillecreme in einer Schüssel im Kühlschrank erstarren lassen. Vor dem Auftragen auf eine Platte stürzen und mit frischen Früchten garnieren.

4 Eigelb, 125 g Puderzucker, 250 ml Milch, 1 Prise Salz, 1 Vanilleschote, 6 Blatt weiße Gelatine, 250 g Sahne.

Erdbeeren in Rieslinggelee *(Foto)*

**250 g Erdbeeren,
250 g gemischte
Sommerbeeren,
½ Liter Riesling,
100g Zucker,
4 Blatt Gelatine,
3 Eigelb,
4 Lavendelblüten.**

Erdbeeren putzen, vierteln und in 4 Förmchen verteilen. Gelatine in 0,3 l des Rieslings einweichen und gemeinsam mit 50 g Zucker auf Körpertemperatur erwärmen, bis sich die Gelatine aufgelöst hat, danach die Erdbeeren mit der Flüssigkeit auffüllen. Im Kühlschrank einige Stunden erkalten lassen. Vor dem Stürzen kurz in heißes Wasser stellen. Für die Zabaione restlichen Riesling mit 50 g Zucker und den Lavendelblüten aufkochen, durch ein Sieb geben, mit den Eigelb verrühren , danach mit dem Schneebesen in einer Metallschüssel über Wasserdampf aufschlagen, bis die Masse cremig wird. Erdbeergelee und Beeren auf einem Teller anrichten und die Zabaione über die Beeren geben.

Sächsischer Pudding

**Für den Teig:
500 ml Milch, 50 g Butter,
4 Essl. Zucker, Salz,
200 g Mehl, 4 Eigelb,
1 Zitrone, 4 Eiweiß.
Außerdem:
1 Essl. Butter,
2 Essl. Grieß.**

Für den Teig Milch, Butter, Zucker und Salz in einer Kasserolle unter Rühren aufkochen lassen. Das gesiebte Mehl zufügen. So lange rühren, bis sich der Teig vom Boden löst. Teig in einer Rührschüssel kurz abkühlen lassen. Dann die Eigelb einarbeiten. Zitronenschale abreiben und zufügen, den Saft zugeben. So lange rühren, bis der Teig schwer vom Rührlöffel reißt. Steif geschlagenes Eiweiß unterheben. Eine Puddingform buttern und mit Grieß ausstreuen. Die Puddingmasse einfüllen, mit einem Deckel verschließen. In die Bratpfanne des Backofens ca. 2 cm Wasser einfüllen. Den Pudding im vorgeheizten Ofen 45 Minuten backen. Dann den Deckel abnehmen und nochmals kurz überbacken. Den abgekühlten Pudding auf eine Platte stürzen und mit Vanillesauce servieren.

Würzbirnen

**750 g Birnen, 1 Zitrone,
¼ Liter Rotwein,
¼ Liter Johannisbeersaft,
200 g Zucker, Nelken,
1 kleine Stange Zimt,
Zitronenaroma.**

Die geschälten Birnen halbieren und Kerngehäuse und Blüten entfernen. Kurz abspülen und mit Zitronensaft beträufeln. Den Rotwein mit Johannisbeersaft, Zucker, zwei bis drei Nelken, Zimt und etwas Zitronenaroma aufkochen. Die Birnen darin dünsten. Früchte herausnehmen und die Flüssigkeit zu Sirup kochen. Durchseihen, erkalten lassen und über die Birnen gießen. Mit Schlagsahne servieren.

SÜSSE GRÜSSE AUS PULSNITZ

Die Tradition des Pfefferküchlerhandwerks in Pulsnitz reicht weit zurück. Schon seit 1558 besitzen die Pulsnitzer Bäcker das Recht, Pfefferkuchen zu backen. Aus der anfänglichen Nebenbeschäftigung wurde schon bald ein eigenständiger Handwerkszweig, der bis heute in Familienbetrieben gepflegt wird. Acht Pfefferküchlereien und eine Lebkuchenfabrik stellen das ganze Jahr über Pfefferkuchen her.

Pfefferküchler beim Formen, Holzschnitt um 1820.

Quarkeiscreme *(Foto)*

75 g Zucker, 1 Ei, 1 Päckchen Vanillezucker, Salz, 2 geriebene bittere Mandeln, 200 g Quark, ⅛ Liter Kondensmilch, ¼ Liter Schlagsahne, 4 Essl. zerkleinerte Früchte.

Zucker, Ei, Vanillezucker, 1 Prise Salz, Mandeln und Quark schaumig schlagen, dabei etwa ⅛ Liter Kondensmilch zugeben. Die steife Schlagsahne und die Früchte unterheben. Masse in eine Form füllen und gefrieren lassen.

Lausitzer Zwiebackkuchen

Für den Teig:
500 g Mehl, 100 g Zucker, 80 g Margarine, Salz, 1 Päckchen Vanillezucker, knapp ¼ Liter Milch, 30 g Hefe.
Für den Belag:
reichlich ⅛ Liter Milch, 300 g Zwieback, 75 g Nüsse, 125 g Zucker, Salz, 1 Päckchen Vanillezucker, 125 g Butter.

Das gesiebte Mehl mit den übrigen zimmerwarmen Zutaten (die zerbröckelte Hefe in handwarmer Milch verrührt) zu einem glatten Teig verarbeiten. An einem warmen Ort etwa 90 Minuten gehen lassen. Dann den Teig zusammenstoßen, nochmals kneten. Ein Backblech buttern und den Teig darauf ausrollen. Die Teigplatte mit Milch bestreichen. Zwieback und Nüsse reiben und mit Zucker, Vanillezucker und einer Prise Salz vermischen. Belag auf den Teig krümeln und Kuchen bei Mittelhitze etwa 25 Minuten backen. Noch heiß mit der zerlassenen Butter beträufeln.

PFEFFERKUCHEN FÜR RIETSCHEL

Der Bildhauer Ernst Rietschel, 1804 in Pulsnitz geboren und berühmtester Sohn der Stadt, hat auch seinen eigenen Pfefferkuchen: den Rietschelkuchen. Johann Christian Groschky gründete seine Pfefferküchlerei 1825 im Geburtshaus seines Schwagers Ernst Rietschel. Zu Ehren Rietschels benannte der heute in sechster Generation bestehende Betrieb seine Hausmarke nach ihm.

Pfeffernüsse

500 g Zucker, 500 g Mehl, 5 Eier, 80 g fein geschnittenes Zitronat, ¼ bis ½ geriebene Muskatnuss, 10 g Zimt, je eine Messerspitze Nelken, Piment und Pfeffer.

Eier und Zucker verrühren. Mehl und Gewürze zugeben und alles zu einem glatten Teig verarbeiten. Auf bemehlter Fläche ausrollen, Plätzchen ausstechen und über Nacht ruhen lassen. Dann bei mäßiger Hitze hell backen.

Pulsnitzer Pfefferkuchen

500 g Honig, 500 g Zucker, 200 g Roggenmehl, 200 g Weizenmehl, 1 Essl. Zimt, 1 Teel. gemahlener Kardamom, 1 Messerspitze Nelkenpulver, 6 g Hirschhornsalz.

Honig und Zucker zu einem dicklichen Brei verkochen, dann auskühlen lassen. Mit dem Roggen- und Weizenmehl gut vermischen. Einige Monate am besten im Holztrog lagern. Danach die Gewürze und das Hirschhornsalz zufügen. Den Teig in Model streichen oder auf bemehlter Fläche ausrollen und Figuren, Herzen, Sterne oder Taler ausstechen. Im vorgeheizten Backofen bei 180 ° C 10 bis 15 Minuten backen.

Feiertags-Nachtisch

4 Scheiben Kastenkuchen, 3 Essl. Weinbrand, 1 Essl. Kirschkonfitüre, Vanillezucker, 1 Liter Milch, 3 Essl. Zucker, 1 Päckchen Vanillesoßenpulver, 1 Päckchen Schokoladensoßenpulver, Schokoladenstreusel.

Die Kastenkuchenscheiben würfeln. Den Weinbrand mit Konfitüre und Vanillezucker verrühren. Diese Mischung auf die Kuchenwürfel träufeln und kurze Zeit ziehen lassen. Vanille- und Schokoladensoße kochen und erkalten lassen. Abwechselnd über die auf Tellern angerichteten marinierten Kuchenwürfel gießen. Mit Schokoladenstreuseln bestreuen.

Schokoladenspitzen

Sirup, Zucker und Margarine erhitzen. Gesiebtes Mehl und Gewürze mischen. Die Triebmittel jeweils in einem Esslöffel Flüssigkeit auflösen. Die abgekühlte Sirupmasse mit den übrigen Zutaten verarbeiten. Teig einige Tage kühl gestellt ruhen lassen.

Den abgelagerten Teig mit den Mandeln verarbeiten und kleine runde Kuchen von 10 bis 12 cm Durchmesser formen. Auf gefettetem Blech bei Mittelhitze backen. Noch frisch in Ecken teilen. Jede Ecke auf ein Hölzchen spießen und in Schokoladenglasur tauchen.

Für den Teig: 250 g Sirup oder Honig, 125 g Zucker, 100 g Margarine, 500 g Mehl, 20 g Pfefferkuchengewürz, Salz, 5 g Pottasche, 5 g Hirschhornsalz, 2 Essl. Weinbrand, Rum, Milch oder Kaffee-Extrakt.
Außerdem: 65 g geriebene Mandeln, Schokoladenglasur.

Spekulatius

Margarine schaumig schlagen und mit allen Zutaten zu einem Teig verarbeiten. Eine Stunde kalt stellen. Dann den Teig 3 mm dick ausrollen und beliebige Figuren ausstechen. Bei Mittelhitze etwa 15 Minuten auf leicht gefettetem Blech hellbraun backen.

150 g Margarine, 100 g Zucker, 1 großes Ei, je 1 Prise Salz, Kardamom, Ingwer und Muskatblüte, ½ Teel. Zimt oder Pfefferkuchengewürz, 250 g Mehl, 1 Prise Backpulver, 65 g geriebene Mandeln (darunter 4 bittere).

Pfefferkuchenherzen

Honig, Zucker und Margarine erhitzen und abkühlen lassen. Das mit Kakao und Pfefferkuchengewürz gesiebte Mehl, Salz, Ei und die getrennt aufgelösten Triebmittel nach und nach zugeben. Zum Schluss Mandeln und Zitronat einkneten. Den Teig etwa 5 mm dick ausrollen. Herzen ausstechen.

Auf einem gefetteten und bestäubten Blech mit einer Gabel mehrfach einstechen. Bei Mittelhitze etwa 15 Minuten backen. Erst mit weißer Glasur überziehen, nach deren Festwerden Schokoladenglasur auftragen.

Für den Teig:
250 g Honig, 250 g Zucker, 60 g Margarine, 60 g Kakao, 625 g Mehl, 15 g Pfefferkuchengewürz, Salz, 1 Ei, 10 g Hirschhornsalz, 5 g Pottasche, 1/8 Liter Wasser, 50 g gehackte süße Mandeln, 5 g geriebene bittere Mandeln, 50 g geraspeltes Zitronat.
Außerdem:
weiße Zuckerglasur, Schokoladenglasur.

Rezeptverzeichnis

Danksagung

Wir bedanken uns herzlich für Kochen
und Anrichten der Speisen bei:

Landhotel „Erbgericht Tautewalde" in Wilthen/Oberlausitz,
„Merkers Weinstuben" in Diesbar-Seußlitz bei Meißen
und dem Café und Restaurant Meissen[®]
der Staatlichen Porzellanmanufaktur Meissen GmbH.

Herzlichen Dank vor allem an Kerstin Mickan, deren
großes Engagement wesentlich zum
Gelingen dieses Buchvorhabens beitrug.